Zukunft des Staates – Staat der Zukunft

[Was bedeutet das alles?]

Zukunft des Staates – Staat der Zukunft

Herausgegeben von
Hans Ulrich Gumbrecht
und René Scheu

Reclam

RECLAMS UNIVERSAL-BIBLIOTHEK Nr. 14160
2021 Philipp Reclam jun. Verlag GmbH,
Siemensstraße 32, 71254 Ditzingen
Gestaltung: Cornelia Feyll, Friedrich Forssman
Druck und Bindung: Eberl & Koesel GmbH & Co. KG,
Am Buchweg 1, 87452 Altusried-Krugzell
Printed in Germany 2021

ISBN 978-3-15-014160-1

Auch als E-Book erhältlich

www.reclam.de

Inhalt

Der Staat, eine offene Frage

Hans Ulrich Gumbrecht und René Scheu

Um 1990, am Ende des Kalten Kriegs, schien die eine große Frage der zweiten Jahrhunderthälfte – die Frage nach dem Staatsmodell der Zukunft – ihre definitive Antwort gefunden zu haben. Die demokratisch-marktwirtschaftliche Ordnung hatte demnach über die sozialistische Planwirtschaft gesiegt. Was dabei gerne vergessen wurde (und zuweilen noch immer wird): ›Kalt‹ war jener Krieg trotz aller nuklearen Hochrüstung der Sowjetunion und der Vereinigten Staaten als Führungsmächten des Sozialismus und des Kapitalismus ja immer nur deshalb gewesen, weil er sich seit den späten 1940er Jahren als ein Effizienz-Wettbewerb zwischen zwei ›modernen‹ Auffassungen und Formen von Staatlichkeit vollzogen hatte. Nicht das moralischere, sondern das effizientere System sollte triumphieren.

Die gemeinsame genealogische Beziehung auf die Moderne war dabei zu jenem Konsensus-Hintergrund für das Staatsverständnis auf beiden Seiten geworden, ohne den es zu einem derart dramatischen unauflösbaren Widerspruch wie im Kalten Krieg sonst nie hätte kommen können. Genauer beruhte der Konsens auf drei aus den Traditionen der europäischen Aufklärung übernommenen Prinzipien:

Erstens vor allem auf dem Paradox von der Volkssouveränität als Prinzip der Legitimität, dem Jean-Jacques Rousseau (1712–1778) zuerst eine begriffliche Form gegeben hatte: In der Existenz und im Handeln des Staates soll das Volk zugleich zum kollektiven Herrscher und zum kollektiven Untertanen werden.

Zweitens galt die von Montesquieus Denken abgeleitete Gewaltenteilung als Prinzip der Struktur: Die Macht des Staates ist in die drei voneinander unabhängigen Dimensionen der Legislative, Exekutive und Judikative aufzuteilen.

Und schließlich erkannten die antagonistischen Kräfte des Kalten Kriegs drittens auch beide das Prinzip vom staatlichen Gewaltmonopol an, demzufolge allein durch Handlungen des Staats das Potential von Macht in Gewalt als physische Wirklichkeit umschlagen darf.

Nach dem Sieg der westlichen Alliierten und der Sowjetunion über die europäisch-asiatische ›Achse‹ des Faschismus im Zweiten Weltkrieg hatte sich die gemeinsame Matrix der Auffassung vom modernen Staat dann fortschreitend zu einem geradezu idealtypischen Kontrast auseinanderentwickelt. Der Staatssozialismus war seit der Oktoberrevolution des Jahres 1917 offiziell und explizit von einem geschichtsphilosophischen Rahmen für sein Selbstverständnis ausgegangen, nämlich der von Karl Marx (1818–1883) inspirierten Prognose, dass die Menschheit in ihrer Geschichte durch eine Phase von Klassenkämpfen zum Idealzustand der klassenlosen Gesellschaft gelangen werde. Aufgabe des Staates sollte es sein, die Gesellschaft unbedingt auf diesem Weg zu halten, an dessen Endpunkt er sich als Realisierung der Volkssouveränität selbst überflüssig machen würde. Deutlich stellten die Anhänger der Vorstellung von der klassenlosen Gesellschaft den Wert der Gleichheit über den Wert der Freiheit. Dies führte schließlich dazu, dass der Staatssozialismus seinen Bürgern die Freiheit der Wahl von Vertretern der Legislative und der Exekutive, aber auch die Freiheit der Wahl in den Zielorientierungen des staatlichen Handelns verweigerte.

Schon in Rousseaus Unterscheidung zwischen der zu vernachlässigenden *volonté de tous* (frei übersetzt: ›dem Willen der meisten‹) und der ausschlaggebenden *volonté générale* (›dem übergeordneten Willen‹) war eine solche Selbstermächtigung des Staats angelegt gewesen. Daran schloss bald eine Tendenz des sozialistischen Staats mit seiner aus der Geschichtsphilosophie abgeleiteten Agentenfunktion an, das Prinzip der Gewaltenteilung in die Inszenierung einer permanenten Konvergenz von Legislative, Exekutive und Judikative zu überführen. Angesichts dieses Schwundes interner Kontrollstrukturen entwickelte sich der Staat der sozialistischen Praxis zu einer brutalen Allmachtinstanz gegenüber dem individuellen und dem sozialen Leben.

In den Vereinigten Staaten, in Großbritannien und in Frankreich hingegen waren Formen des Staats eher auf Distanz zum Überbau geschichtsphilosophischer Zielvorstellungen geblieben. Sie mochten in verschiedener Weise die Praxis einer kapitalistischen Wirtschaft befördern, aber erhoben diese Funktion nie zu einer expliziten Leitvorstellung. Eher entstand und verstärkte sich eine offene Konkurrenz zwischen verschiedenen Vorstellungen vom Gebrauch der staatlichen Macht, die nicht auf End- oder Ideal-Vorstellungen zustrebten. Im je eigenen Interesse betonten solche zu politischen Wirklichkeiten werdenden Konzeptionen sowohl die Einhaltung der Regeln von Gewaltenteilung als auch eine Priorität des Werts individueller Freiheit gegenüber dem Wert der Gleichheit. Je freier die Bürger in der gegebenen rechtsstaatlichen Ordnung agieren (so die implizite Überzeugung), desto wohlhabender und fairer dürften die Gesellschaften sich in der Folge entwickeln.

Die Diskussion über mögliche Gründe für den erstaunlich schnellen Kollaps des sowjetischen Sozialismus bzw. der von ihm abhängigen Staaten am Ende des 20. Jahrhunderts und über den sich daraus ergebenden Sieg der weniger konturierten westlichen Staatsformen hat bis heute kein Ende gefunden. Dies muss angesichts der Tatsache, dass Antworten zu Fragen solcher Art allein auf Interpretationen, aber nie auf harten Fakten beruhen können, niemanden überraschen. Überraschend hingegen wirkt vor dem Hintergrund der Zukunftserwartungen um 1990 die steile Zunahme der Komplexität in den Debatten über den Staat. Offenbar hatte der Abschluss des Kalten Kriegs doch nicht zu deren Ende geführt.

Neue Unterscheidungen

Noch 1989 fand der amerikanische Politikwissenschaftler Frances Fukuyama (*1952) breite Resonanz mit einem Essay (und dann 1992 mit einem Buch) unter dem auf Hegel und Nietzsche anspielenden Titel *The End of History and the Last Man*. Darin vertrat er die These, mit dem Ende des Kalten Kriegs und der Kanonisierung des westlichen Typs von Staat und Gesellschaft zur einzig verbleibenden Option sei eine in der Aufklärung einsetzende Bewegung der Geschichte zu ihrem Ende gekommen. Auf Protest stieß Fukuyama allein bei Lesern, die seine historisch spezifisch gemeinte Formulierung vom »Ende der Geschichte« im Sinn eines »Endes der Zeit als Agent jeglicher Veränderung« missverstehen wollten. Denn die Zukunft des Staats als Zukunft einer Ausschließlichkeit der westlichen Staatsform schien zunächst tatsächlich festzustehen – sowohl bei Fukuyama-Fans als auch bei seinen Kritikern.

Bald jedoch setzte sich stattdessen ein markantes Bewusstsein vom Unterschied zwischen zwei Grundtypen des westlichen Staats durch, an die bald jeweils spezifische Krisengefühle und Krisendiskurse anschlossen. Denn vor dem ›eisernen Vorhang‹ des Kalten Kriegs hatte sich (zuerst wohl in Skandinavien und weitgehend unabhängig von den jeweils regierenden Parteien) ein neuer Typ des Sozial- und Wohlfahrtsstaats entwickelt, welcher (anders als der Staatssozialismus) der Öffentlichkeit als Medium politischer Willensbildung eine solide Zentralstellung einräumte. Mit regionalen Varianten begann dieser Staat, eine zuvor unvorstellbare Vielfalt von Dienstleistungen zu übernehmen, die man aufgrund ihres Totalanspruchs der Versorgung kaum als spezifische Funktion identifizieren und umreißen konnte: Sie reichten von persönlicher Sicherheit und präventiver medizinischer Betreuung über Bildung und Forschung bis hin zu Verkehr und Kommunikationsmedien. Zugleich hat sich dieser unaufhaltsam wachsende, überaus großzügige und vor allem in Europa sehr beliebte Sozialstaat jedoch Zurückhaltung im Verhältnis zur Privatsphäre seiner Bürger auferlegt. Wenn vergleichsweise hohe Steuerforderungen (mit anderen Worten: drastische Umverteilungsmaßnahmen durch den Staat) schon unvermeidlich waren, so bleiben Verpflichtungen im Militärdienst und andere auferlegte Solidaritätsbeiträge eher begrenzt. Selbst Begeisterung für das eigene Gemeinwesen wirkt heute in Europa wie ein problematisches Relikt aus nationalistischen Zeiten. So steil stieg die Erfolgskurve des sozialdemokratistischen (›sozialdemokratistisch‹ deshalb, weil sich dieser Konsens weit über die sozialdemokratischen Parteien hinaus etablierte) Wohlfahrtsstaats, dass sie den Entwurf eines Über-Staats inspirierte, der bald als ›Europäische Union‹ Gestalt annahm.

Ganz anders versteht sich der nicht nur außerhalb der Vereinigten Staaten primär mit der Hauptstadt Washington, dem Weißen Haus und dem Präsidenten identifizierte amerikanische Staat, der (zumal in der Epoche des Kalten Krieges) vor allem als institutioneller Rahmen einer aktiv handelnden Weltmacht hervorgetreten war. Seine innenpolitischen Wirkungen und Vorgaben gehen nur selten über die Bewahrung der Rechtsstaatlichkeit hinaus, während kulturpolitische Initiativen aufgrund des zehnten Zusatzes zur amerikanischen Verfassung (Tenth Amendment) den 50 Bundesstaaten überlassen bleiben. Auch Funktionen, die man in Europa unter dem Begriff der Sozialpolitik zusammenfasst, gehören in den Vereinigten Staaten bis heute zu einem Verantwortungsbereich, auf den sich durch private Spenden getragene Einrichtungen konzentrieren, ohne dabei den national existierenden Bedarf auch nur annähernd abzudecken. Andererseits erscheinen in dem vor allem durch seine außenpolitischen Funktionen bestimmten amerikanischen Staat gewisse Institutionsbereiche (etwa das Militär) und bestimmte symbolische Handlungen (etwa der Gruß der Flagge oder das Singen der Nationalhymne) viel deutlicher ausgeprägt als in Europa.

Krisen der westlichen Staatsformen

Nachdem die schon während des Kalten Kriegs bestehenden Unterschiede zwischen dem europäischen Sozialstaat und dem amerikanischen Weltmachtstaat nach dem Verschwinden der gemeinsamen Kontrastfolie des Staatssozialismus so viel klarer ins Bewusstsein getreten waren, verdichteten sich im zweiten Jahrzehnt des gegenwärtigen Jahrhunderts auf beiden Seiten Gefühle der Unzufriedenheit und mithin Eindrücke von veritablen Krisensituationen. Donald Trump (*1946) wäre 2016 nicht zum Präsidenten der Vereinigten Staaten gewählt worden ohne die Unzufriedenheit weiter Wählerschichten mit den von seinen Vorgängern unterstellten und verkörperten Auffassungen der amerikanischen Weltmachtrolle. Sie mögen nach dem Eindruck der Kritiker zu ausschließlich auf Vermittlungsleistungen zwischen anderen Nationen konzentriert gewesen sein (daher die Wirkung von Trumps Slogan »Make America great again«). Zugleich reagierten dieselben Wähler auf vorsichtige Ansätze zu sozialstaatlichen Initiativen unter Präsidenten wie Clinton und Obama mit Nervosität, Phobie und sogar Verachtung. Denn viele von ihnen verstehen solche Strategien (selbst dann, wenn sie zu ihrem eigenen Vorteil ausschlagen) als illegitime Interferenzen eines grundsätzlich auf Eigentumsschutz und Außenpolitik festgelegten Staats in ihr privates Leben.

Die andere, in Europa um sich greifende Unzufriedenheit richtet sich einerseits gegen den massiven Wohlfahrtsstaat mit seinen drastischen Umverteilungsmaßnahmen in Form von anscheinend unendlich steigenden Steuern und mit seinen immer häufigeren Eingriffen in die Privatsphäre unter dem Anspruch ethischer Verantwortlichkeit. Andererseits zieht der europäische Wohlfahrtsstaat aber auch Proteste aus der Gegenrichtung auf sich, wenn er Maßnahmen zur Reduktion seiner allumfassenden Versorgung ergreift, die man polemisch, wenn auch ideengeschichtlich unzutreffend, ›neoliberal‹ nennt. Dies zeigte sich gegen Ende des Jahrs 2018 im intensiven und das öffentliche Leben Frankreichs über Wochen stilllegenden Protest der sogenannten Gelbwesten gegen Präsident Emmanuel Macrons (*1977) an sich bescheidene Reformpläne des französischen Staats. Für manche Kritiker des ›Neoliberalismus‹ wird selbst die Staatsform der Volksrepublik China (trotz ihrer demonstrativen Ausblendung der Öffentlichkeit) zu einer Alternative. Vor allem aber war es die Überschneidung der intensiven Proteste in Frankreich mit dem Vorausblick auf eine nach vier Jahren Trump für die Zukunft des amerikanischen Staats entscheidende Wahl, welche uns überzeugte, dass die Zeit für eine neue Debatte gekommen war. Und so machten wir uns an die Planung einer Reihe von Essays, die den Horizont der Gedanken über die Zukunft des Staats und den Staat der Zukunft vermessen sollten. Sie erschienen über das Jahr 2020 im Feuilleton der *Neuen Zürcher Zeitung*.

Vier Fragedimensionen

Die ersten dieser Texte waren gerade erschienen, als im März 2020 die globale Ausrufung der Covid-19-Pandemie in einer ungeahnten Verknüpfung von Impulsen tiefe Veränderung über unseren Alltag verhängte und ausgerechnet den in eine Krise geratenen Staaten die Rolle zentraler

Agenten und universaler Lebens-Retter zuwies. Dieses Ereignis intensivierte die laufenden Debatten über die Zukunft des Staats, ohne ihre Inhalte und Perspektiven grundlegend zu verändern. Freilich trieb die Energie des unmittelbaren Problemdrucks unsere Unterscheidungen, Analysen und Argumente weiter, als sie in der Zeit vor 2020 gekommen wären.

Vier Dimensionen, glauben wir, haben sich in den Essays herausgebildet:

Die erste von ihnen gab uns den Titel *Zukunft des Staates – Staat der Zukunft* für diesen Band vor. Denn eine Mehrheit der Beiträge konzentriert sich auf Aspekte der Zukunft des Staats in dem Sinn, dass sie nach der nächsten Stufe der (möglicherweise unvermeidlichen) Veränderung einer institutionellen Form fragen, wie sie seit dem 18. Jahrhundert existiert hat. Andere, meist jüngere Autoren versuchen dagegen, sich den ›Staat der Zukunft‹ vorzustellen und gehen dabei (polemisch, ironisch, aber jedenfalls ganz bewusst) von einer Diskontinuität der Zukunft gegenüber den historischen Traditionen des Staates aus, wie sie noch um die Jahrtausendwende im Repertoire unserer Denkgesten gar nicht absehbar war. Sich zum Beispiel die Privatisierung vielfältiger Staatsfunktionen auszumalen, wirkt heute nicht mehr wie ein Sakrileg – und dies durchaus mit gutem Grund.

In der Antike setzt die intellektuelle Vorgeschichte der zweiten in diesem Band vertretenen Fragedimension ein. Es geht dabei um Einstellungen, Verfahren und Strukturen, mit denen die anscheinend nie ausbleibende Expansionsdynamik der Institution ›Staat‹ gesteuert und geformt werden kann.

Solche Kontrolle von außen und von innen ist drittens eng verbunden mit den jeweils verschiedenen erlebten Beziehungen der Bürger zu ihrem Staat. Er kann – mit je spezifischen Konsequenzen – eine Heimat für sie sein, aber auch eine Form der Gemeinschaft, die sie beleben und in der sie sich verwirklichen wollen, oder ein Modus der Selbstvertretung werden, dem sie nicht mehr trauen.

Schließlich haben über die vergangenen drei Jahrzehnte Entwicklungen der elektronischen Technologie zu drastisch divergierenden Spekulationen von der Erfüllung und vom drohenden Missbrauch der Staatsfunktionen geführt.

Trotz ihrer durch die Covid-Gegenwart erhöhten intellektuellen Intensität sind unsere Texte natürlich weder bei empirischer Vollständigkeit noch bei einer philosophischen Kohärenz angekommen, die zur Grundlage für neue Formen der Praxis im Staat werden könnten. Doch sie haben eine Komplexität der Vorstellungen, des Denkens und der Fragen eröffnet, an der wir unbedingt festhalten sollten.

Noch unentbehrlich: Wie der Staat sich wandelt

Dieter Grimm

Der moderne Staat als dominante politische Existenzform von Völkern oder Gesellschaften entstand vor etwa 450 Jahren. Genauer lässt sich das nicht bestimmen, denn bei der Staatsbildung handelt es sich nicht um ein Ereignis, sondern um einen Prozess, der örtlich und zeitlich unterschiedlich verlief und vor der Französischen Revolution nirgends zum Abschluss kam.

In diesen 450 Jahren hat sich der Staat vielfach gewandelt, vom absoluten Staat zum Verfassungsstaat, vom konfessionellen Staat zum säkularen Staat, vom liberalen Staat zum Sozialstaat. Fast alle Veränderungen gingen mit Nachrufen auf den Staat einher, aber am Ende war es doch nur eine bestimmte Form des Staates, die unterging, nicht dieser selbst. Eines blieb allerdings über die Jahrhunderte gleich: Wo sich der Staat herausbildete, kam es zu einer Konzentration der öffentlichen Gewalt und zur Monopolisierung der Mittel legitimen Zwangs. Öffentliche Gewalt und Staatsgewalt fielen in eins.

Im Besitz der öffentlichen Gewalt war der Staat auf seinem Territorium konkurrenzlos. Jenseits der Grenzen gab es andere Staaten, die auf ihrem Territorium ebenfalls umfassende öffentliche Gewalt beanspruchten. Vor Eingriffen fremder Mächte in ihre inneren Angelegenheiten schützte sie die Souveränität, die sie sich wechselseitig zuerkannten. Ohne eine übergeordnete Durchsetzungsmacht für die aus der Souveränität fließenden Rechte ließ sich jedoch der Krieg als Mittel zur Rechtsbehauptung nicht ausschließen.

Tiefer Einschnitt in der Geschichte des Staates

Das Neue an der gegenwärtigen Situation ist, dass sich die Identität von öffentlicher Gewalt und Staatsgewalt aufgelöst hat. Die Veränderung setzte mit der Gründung der Vereinten Nationen am Ende des Zweiten Weltkriegs ein. Anders als der nach dem Ersten Weltkrieg gegründete Völkerbund, dessen Mitglieder Gewaltverzicht gelobt, aber keine Durchsetzungsinstanz vorgesehen hatten, erhielt die UNO von ihren Mitgliedstaaten die Befugnis, den Gewaltverzicht gegen widerstrebende Staaten durchzusetzen. Notfalls mit militärischen Mitteln, die sie sich dann aber von den Staaten borgen muss. Denn bis jetzt ist kein Staat dazu bereit, überstaatliche Einrichtungen auch am Gewaltmonopol teilhaben zu lassen.

Der Staat hat also, was die öffentliche Gewalt betrifft, Konkurrenz bekommen. Er teilt sie sich heute mit überstaatlichen Einrichtungen, deren Entstehungsgrund gerade die gesteigerte Kriegsbedrohung durch neue Vernichtungswaffen war. Das ist vielleicht der schärfste Einschnitt in der Geschichte des modernen Staates, freilich immer noch kein Todesstoß, denn die Staaten existieren weiter und haben sich seitdem an Zahl sogar enorm vermehrt. Aber sie sind heute nicht mehr in der Weise souverän, wie sie es noch in der ersten Hälfte des 20. Jahrhunderts sein konnten. Zwar behalten die Grenzen ihre alte Bedeutung im Verhältnis der Staaten untereinander. Gegenüber der öffentlichen Gewalt, die an die UNO abgetreten wurde, sind sie aber porös geworden.

Die Entwicklung ist inzwischen weiter fortgeschritten. Im Völkerrecht gibt es einen wachsenden Anteil von Normen, die unabhängig von der Zustimmung der Staaten gelten. Der internationale Menschenrechtsschutz ist stark in den Vordergrund getreten. Mittlerweile wird eine »responsibility to protect« anerkannt, die die UNO dann zum Einschreiten ermächtigt, wenn Staaten die Menschenrechte bestimmter Volksgruppen oder Minderheiten systematisch verletzen. Die Zahl internationaler Gerichte oder gerichtsähnlicher Institutionen, die in internationalen Streitigkeiten entscheiden oder Verbrechen gegen die Menschlichkeit ahnden, hat stark zugenommen. Regionale Menschenrechtspakte mit entsprechenden Gerichten vervollständigen das Bild.

Europa als Pionier der neuen Überstaatlichkeit

Nirgends ist die Entwicklung indes so weit vorangeschritten wie in Europa, wo der älteste und wirkmächtigste Menschenrechtsgerichtshof besteht und überdies in Gestalt der Europäischen Union ein präzedenzloses Gebilde entstanden ist, das an Zahl seiner Kompetenzen und Dichte seiner Organisation alle anderen über- bzw. supranationalen Einrichtungen bei weitem übertrifft. Zwar darf die EU, anders als die UNO, nicht selbst Zwangsmittel einsetzen, um ihre Ziele zu erreichen. Während die UNO aber von dieser Möglichkeit nur selten und nur punktuell Gebrauch macht, weil die große Mehrzahl der Staaten keinen Anlass zum Einschreiten gibt, sind die Mitgliedstaaten der EU permanent europäischen Rechtsakten unterworfen, die sie befolgen müssen.

Zu der Übertragung öffentlicher Gewalt auf supranationale Einrichtungen ist es selbstverständlich nicht ohne triftige Gründe gekommen. So wie seinerzeit der Staat aus dem Bedürfnis nach innerem Frieden unter den Bedingungen der Glaubensspaltung entstanden war, entstand die UNO aus dem Bedürfnis nach äußerem Frieden aufgrund der Erfahrung zweier verheerender Weltkriege. Inzwischen ist aber noch ein weiterer Grund hinzugetreten, der erklärt, warum sich die Übertragung öffentlicher Gewalt auf supranationale Einrichtungen längst nicht mehr auf die Friedenssicherung beschränkt, sondern sich neben dem Menschenrechtsschutz auch auf die Wirtschaftsbeziehungen, den Umweltschutz und Weiteres erstreckt.

Kein Ende der Globalisierung in Sicht

Das Stichwort heißt »Globalisierung«. Durch die Globalisierung, die von der rasanten Entwicklung der Kommunikationstechnik beflügelt wird, sind vornehmlich im Bereich der Wirtschaft, aber auch anderwärts, global handelnde private Akteure aufgetaucht, deren Transaktionen sich in erheblichem Umfang der staatlichen Kontrolle entziehen. Die Wiedergewinnung politischer Kontrolle über diese Akteure und ihre Transaktionen kann daher nur in dem Maß gelingen, wie die öffentliche Gewalt der Globalisierung folgt und ebenfalls überstaatlich ausgeübt werden darf. Der Aktionsradius der öffentlichen Gewalt muss dem Aktionsradius der global handelnden privaten Akteure folgen, wenn diesen im Interesse des Gemeinwohls Grenzen gesetzt werden sollen.

Die Veränderung ist also strukturell begründet. Da ein Ende der Globalisierung nicht in Sicht ist, wird die Entwicklung eher weitergehen als zurückweichen. Sie schmälert die öffentliche Gewalt der einzelnen Staaten auf der nationalen Ebene, verschafft ihnen jedoch gemeinsam neue Kapazitäten, auf der internationalen Ebene Probleme zu lösen. Sie sind zwar nicht mehr die alleinigen, aber immer noch die wichtigsten Träger öffentlicher Gewalt. Sie bestimmen selbst, welche Aufgaben und Kompetenzen sie abtreten wollen. Nicht etwa holen sich die supranationalen Institutionen die Aufgaben und Kompetenzen, die sie haben wollen. Die öffentliche Gewalt der Staaten ist territorial begrenzt, aber funktional konzentriert, die der supranationalen Organisationen ist territorial umfassend, aber funktional fragmentiert.

Die Vorteile der Internationalisierung sind freilich nicht kostenlos zu haben. Es sind vor allem zwei Probleme, die mit der Teilung der öffentlichen Gewalt zwischen Staaten und supranationalen Einrichtungen einhergehen:

Das erste besteht darin, dass das Zusammentreffen von Recht aus den relativ einheitlichen nationalen und den fragmentierten supranationalen Quellen zu Spannungen führt. Zwischen den verschiedenen Rechtsmassen besteht ja nicht von vornherein Harmonie. Das Recht aus überstaatlichen Quellen wirkt zunächst einmal als Störfaktor im staatlichen Recht. Die Einheit der Rechtsordnung weicht einer Pluralität des Rechts, wie sie die Ethnologie aus vormodernen Rechtsordnungen kannte, die im modernen Staat aber überwunden war.

Die Folge: Renationalisierung der Staaten

Die Folge sind erstens Geltungskonflikte zwischen verschiedenen Rechtsregeln, die sich auf denselben Gegenstand beziehen, sowie Konflikte zwischen nationalen und internationalen Gerichten darüber, wer jeweils zuständig ist. Mangels eindeutiger Hierarchien, selbst in der am stärksten integrierten EU, sind diese Konflikte auf rechtlichem Wege nicht durchweg auflösbar. Nicht selten führt das zu Überfremdungsgefühlen in der Bevölkerung und gibt den Tendenzen zur Renationalisierung Nahrung, die inzwischen viele Staaten erfasst haben. Die Bereitschaft zur Befolgung und Durchsetzung von Recht aus fremden Quellen und Urteilen supranationaler Gerichte leidet darunter. Bei anhaltender Globalisierung steigt die Notwendigkeit, Recht weiter zu internationalisieren, während sich die Bedingungen dafür verschlechtern.

Das verweist bereits auf das zweite und größere Problem, nämlich die Legitimation der supranational ausgeübten öffentlichen Gewalt. Supranationale Organisationen leiten ihre Legitimation von den Staaten ab, die sie gegründet und nach Maßgabe ihrer Verfassungen mit öffentlicher Gewalt ausgestattet haben. Einmal übertragen, wird sie aber nicht mehr nach den Maßgaben der nationalen Verfassungen ausgeübt, sondern gemäß den Statuten dieser Organisationen, die jedoch hinter dem Anspruch nationaler Verfassungen weit zurückbleiben. Die Organisationen sind in der Regel weder an demokratischen Grundsätzen ausgerichtet noch, mit Ausnahme der EU, den Menschenrechten unterworfen, nicht einmal diejenigen, die den Menschenrechtsschutz zum Ziel haben.

Umgekehrt verkürzt jede Abgabe von Hoheitsrechten den Handlungsspielraum einer staatlichen Demokratie. Für die Wahrnehmung abgetretener Hoheitsrechte spielen die nationalen demokratischen Prozesse keine Rolle, die nationalen Regierungen lassen sich dafür nicht verantwortlich machen, Wahlen bleiben insoweit folgenlos. Der Verlust kann aber auch nicht einfach durch Übertragung der nationalen Demokratieanforderungen auf die supranationale Ebene kompensiert werden. Das demokratische Legitimationsniveau, das im Staat immerhin möglich ist, lässt sich auf der internationalen Ebene nicht erreichen. Dem Staat müssen daher genügend eigene Handlungsfelder erhalten bleiben, damit die Politik nicht weithin vom Bürgereinfluss entkoppelt wird.

Halten wir darum fest: Noch ist der Staat unentbehrlich.

Wider die Allmacht: Föderalismus als Gegenbewegung

José Luis Villacañas Berlanga

Im Verlauf seiner Geschichte hat der Staat ganz verschiedene Funktionen erfüllt, und aufgrund dieser Wandlungsfähigkeit ist es ihm gelungen zu überleben. So gehörte etwa *estado*, das spanische Wort für Staat, zu einem Sprachspiel, in dem es um die Bewahrung der Besitzaufteilung zwischen den sozialen Ständen der vormodernen Zeit ging. Die Güter von Monarchen, Feudalerben, Städten, Klöstern oder Diözesen sollten jeweiligen Ausgangszuständen (*estados*) entsprechen, von denen sie sich herleiteten.

Doch neben solchen Stabilitätsversprechen hat der Staat bald über Verdichtung, Akkumulation und Beschleunigung auch Prozesse des Strukturwandels befördert. Das von den Monarchen auf den Staat übertragene Konzept der Souveränität bezog sich dabei auf eine Machtdynamik, die ihren maximalen Anspruch in der Formel vom »Ausnahmezustand« formulierte, bürokratische Systeme hervorbrachte und Institutionen zur Disziplinierung der Untertanen ausbildete. All diese Entwicklungen hatten sich bereits vor den bürgerlichen Revolutionen vollzogen, die dann die staatlichen Machtstrukturen weiter ausbauten und im Nationalstaat als einer neuen politischen Form zusammenfassten, die immer häufiger in die Gesellschaft eingriff. Anstelle der Religion war der Staat nun zum übergeordneten Hirten und zum Regenten über das gesamte Leben geworden.

Souveränität des Staats

Erst der Nationalstaat räumte sich selbst als Souverän einen kategorial übergeordneten Status ein. Mit der These, dass im Staat seiner Zeit der Weltgeist zu sich komme, wurde Georg Wilhelm Friedrich Hegel (1770–1831) zum Meisterdenker dieser Faszination. Von ihr beflügelt, bildeten sich während des 19. Jahrhunderts institutionelle Formen im Zusammenhang mit dem Staat heraus, die der Imperialismus bald über den gesamten Planeten verbreiteten sollte, nämlich die Verkoppelungen des Staats: mit den Industriekomplexen des Kapitalismus; mit kulturellen Konstellationen, aus denen Ideologien hervorgingen; mit neuen symbolischen Hierarchien; und natürlich auch mit den Traditionen und Instrumenten des Militärs.

So kann man jene Phase der Geschichte für die meisten europäischen Länder als einen Prozess auffassen, in dem immer mehr Instanzen der sich ausdehnenden Nationalstaaten ihre Völker inneren Rationalitätsansprüchen unterwarfen. Spätestens seit der Mitte des 20. Jahrhunderts allerdings schwand (wohl unter dem Eindruck ideologisch-totalitärer Staaten) zunächst bei den Intellektuellen, dann aber auch bei Politikern jene klassische Staatsbegeisterung und wich einer Ernüchterung, die vielfältige Kritiken motivierte. Die expansive Epoche des souveränen Staats war abgelaufen, doch über drei verschiedene Problemkonfigurationen ist er in unserer Gegenwart weiter präsent geblieben.

Will man erstens auch davon ausgehen, dass entscheidende Steuerungsfunktionen für das menschliche Leben mittlerweile auf die Weltwirtschaft übergegangen sind, so hat sich doch erwiesen, dass deren Institutionen und Entwicklungen weiterhin auf eine Zusammenarbeit mit den Nationalstaaten angewiesen sind. Die Deregulierung der Finanzsysteme, die industrielle Globalisierung, die Abschaffung von Schutzzöllen, die Autonomisierung der international dominierenden Banken: All dies sind Bewegungen, die von einer Unterstützung durch die traditionelle Autorität und Legitimität der Staaten abhängen.

In diesem Zusammenhang stoßen wir auf eine spezifische Spannung der Gegenwart: Einerseits wird der Staat aufgrund seiner verbleibenden Funktionen zu einem Instrument der internationalen Wirtschaft. Andererseits ist das politische Potenzial des Staats (vor allem in Europa) mit einem Versprechen sozialer Wohlfahrt verbunden, auf dessen Einlösung die Bürger bestehen. Das heißt: Sie klagen Leistungen von ihren Staaten ein, zu deren Erfüllung diese aufgrund ihrer Funktionen als Instrument der internationalen Wirtschaft nicht ohne weiteres imstande sind. Schärfer und als Paradox formuliert: Der Staat scheitert heute an der Herausforderung, uns als Wohlfahrtsstaat vor Effekten der Wirtschaft zu schützen, die er als Nationalstaat selbst mit ausgelöst hat.

Kapitalismus und demokratischer Staat

Die zweite Problemkonstellation des Staats von heute hat mit der Tatsache zu tun, dass aus historischen Gründen Formen des demokratischen Lebens, die wir nicht aufgeben wollen, an seine Struktur gebunden sind. Bis vor wenigen Jahrzehnten vertraute man darauf, dass der Kapitalismus im staatlichen Rahmen immer eine solche demokratische Praxis entstehen lassen und bewahren würde. Dass diese Affinität zwischen Kapitalismus und demokratischer Politik als vermeintlich notwendige nicht existiert, belegt die mit großer Effizienz funktionierende Kombination von Diktatur und Kapitalismus in der Volksrepublik China.

Andernorts beobachten wir Verflechtungen von kapitalistischer Wirtschaft mit neuen Intensitätsgraden persönlicher Macht. Sollte Carl Schmitt (1888–1985) dies verstanden und vorweggenommen haben, als er am Vorabend der nationalsozialistischen Machtergreifung von 1933 »eine gesunde Wirtschaft in einem starken Staat« forderte? Trotz seiner Allianz mit dem Dritten Reich genießt Schmitts Denken heute bei Politikern und Intellektuellen sowohl der Rechten wie der Linken besonderes Ansehen, weil beide Seiten – aus ganz verschiedenen Gründen – mit ihm auf einen sich unbegrenzt ausdehnenden Staat setzen: sowohl zur Stärkung nationaler Autonomie als auch zur Ermöglichung unbegrenzter Sozialleistungen.

Solche Entwicklungen vollziehen sich vor allem innerhalb überkommener Formen des Nationalstaats. Länder wie Russland, Indien, China und die Vereinigten Staaten entsprechen allerdings nicht wirklich diesem Modell und spannen deshalb einen dritten Problemhorizont gegenwärtiger Staatlichkeit auf. Es handelt sich bei ihnen um weite Räume, die mit ihrem Potenzial, die ganze Welt zu integrieren, an die Imperien der Vergangenheit erinnern. Ihnen gegenüber stehen die Nationalstaaten auf ebenso verlorenem Posten wie im Verhältnis zu den Steuerungsimpulsen der Weltwirtschaft. Zugleich zeigen jene Räume aber auch die typischen Schwächen der alten Reiche: Grenzkonflikte, unbestimmte Übergangszonen mit begrenzter Kontrolle, einen wachsenden Bedarf an Präventivmaßnahmen der Krisensteuerung, unzufriedene Minderheiten. Dies sind die Symptome, aus denen sich immer neue Momente von Staatslabilität ergeben.

Die spanische Geschichte zeigt, dass solche Reiche früher oder später sogar ihre ursprünglichen Bevölkerungsgruppen kolonisieren. Heute jedoch treiben sie vor allem eine sich exponentiell steigernde Tendenz zu gigantischen Ballungszonen an. Aus ökologischen Gründen und angesichts ihrer Unüberschaubarkeit werden solche Schwarzen Löcher der Demographie langfristig wohl nicht mit menschenwürdigem Leben vereinbar sein.

Werden die hier beschriebenen Dynamiken, also die demographische Konzentration in den Großräumen, die sich ausdehnenden Wohlfahrts- oder Nationalstaaten und schließlich ihre paradoxale Bindung an die internationale Wirtschaft, das Schicksal des Staats im 21. Jahrhundert bestimmen?

Nicht unbedingt. Die fruchtbarsten Antworten auf die herausfordernde Frage, wie sich solche Bewegungen unter Kontrolle bringen lassen, finden wir im Denkhorizont des Föderalismus. Unter ihm als Prämisse kann es der Staat vermeiden, zum passiven Instrument globaler Wirtschaftssteuerung oder zum Katalysator unendlicher Räume und Bevölkerungskonzentrationen zu werden. Allein föderale Strukturen ermöglichen ihm darüber hinaus ohne Abstriche gegenüber jenen Prinzipien der Gerechtigkeit zu regieren, die zum Projekt der Demokratie gehören. Um dies zu erreichen, muss sich der Staat allerdings intern auf einen angemessenen Grad seiner Macht festlegen. Maßnahmen zur Förderung von Divergenz und Dezentralisierung sind also gefragt.

Francisco Pi i Margall (1824–1901), ein spanischer Denker des 19. Jahrhunderts, für den die kantonale Schweiz das Ideal der Verfassungswirklichkeit darstellt, schlug beispielsweise vor, nicht von einem, sondern von drei politischen Prinzipien mit je verschiedenen Bereichen des Handelns auszugehen: Er wies die Dimension des alltäglichen Lebens der Stadt zu, die Dimension der Geschichte dem Land und die Dimension der Vernunft dem Staat. Die Vernunft des Staats war dabei nicht als Anspruch auf Überlegenheit konzipiert, sondern als Verpflichtung, Gründe zu finden, welche die Städte und Länder dazu brächten, den Staat zu unterstützen. Offensichtlich ging es Pi i Margall hier um mehr als bloße Dezentralisierung und bloße Delegierung der Politik an die beiden anderen Dimensionen. Im Zentrum der föderalen Strukturen sollte die Energie und die Hoffnung wirken, durch freien Austausch und Umgang zu gemeinsamem Handeln hinsichtlich der wesentlichen menschlichen Anliegen zu gelangen.

Während die Vorstellung von einer vernunftbegründeten Ordnung an Immanuel Kant (1724–1804) erinnert, verdankte Pi i Margall seine Grundidee von der politischen Welt Pierre-Joseph Proudhon (1809–1865), der die Neigung zu spontanem Zusammenwirken im gesellschaftlichen Leben als erstes Grundmotiv seiner Anthropologie hervorgehoben hatte. Proudhon war nicht der Meinung, dass die Gesellschaft aus der Konvergenz von Individuen entstehe. Vielmehr sollte ein Drang zur Gemeinschaft alle Bereiche der Existenz durchdringen, um Individualismus und Isolierung als unvermeidliche Ausgangspunkte in die dauernde Lebhaftigkeit eines konkreten Austausches mit anderen zu überführen.

Dieses Erbe gab Pi i Margall dem spanischen Anarchismus mit, der anders als die russischen Anarchisten dem Nihilismus verfiel, obwohl er immer wieder mit der dumpfen Unbeweglichkeit nationaler Machtgruppen konfrontiert war. Heute würde Pi wohl zugunsten einer föderalen Staatsform als Prinzip des Ausgleiches argumentieren. Denn ohne die Gegenbewegungen des kreativen lokalen Lebens und der je verschiedenen Geschichten der Länder müsste der Staat aufgrund seines eigenen Allmachtsimpulses und im Kontakt mit dem Monopolkapitalismus unvermeidlich auf die abschüssige Bahn mit Beschleunigung in Richtung einer unbekannten Zukunft geraten. Ohne föderale Prinzipien wird die Staatsmacht also zur Bedrohung für ihre eigenen Bürger werden.

Voller Moralin: Die Reichweite des Staats in der Antike

Melanie Möller

Die Fürsorge des Staates geht mitunter ziemlich weit. Nicht erst das Virus mit dem royalen lateinischen Beinamen hat die Mündigkeit der Bürger weltweit zu einer Farce werden lassen. Auch vorher hatten Verbote Konjunktur: nicht zu viel Alkohol und Zigaretten nur in ausgewiesenen Bereichen; andere Drogen besser gar nicht; kein Fleisch, keinen Zucker; Tempolimits, autofreie Zonen; Prostitution möglichst unter staatlicher Aufsicht oder sogar unter Strafe gestellt.

So vernünftig einige der erwogenen, hier und da bereits umgesetzten Maßnahmen auch sein mögen, so wenig ist es in jedem Fall nachvollziehbar, warum der Staat sich einmischt. Diese Eingriffe ins soziale Leben polarisieren die Gesellschaft: Während die einen sich nachdrücklich dagegen verwahren und auf ihr Selbstbestimmungsrecht pochen, scheinen andere genau solche Vorgaben vom Staat zu erwarten, da ihnen an caritativer Unterstützung gelegen ist. Diesen Schutzflehenden scheinen verbindliche Regeln wichtiger zu sein als individuelle Freiheiten im Umgang mit gefährlichen wie vergnüglichen Substanzen. Steht erst die Gesundheit auf dem Spiel, sind erstaunlich viele zum Äußersten bereit: sogar zur beinahe klaglosen Hinnahme von Ausgangssperren und Kontaktverboten.

Staat als Moralinstanz

Wie war das eigentlich im alten Europa, dessen gemeinsame Grundlagen so gerne beschworen werden? Besonders die Strahlkraft des römischen Staats scheint ungebrochen, wenn es um die Legitimierung staatlicher Einflussnahme auf das Leben des Volkes geht. Der Vergleich erfordert allerdings eine differenzierte Betrachtung, weil Gleichheit und Gerechtigkeit damals anders gewichtet wurden: Der römische Staat basierte immer auf einer Ständegesellschaft, in der jeder für sich selbst, sein Hab und Gut wie auch sein Wohl, verantwortlich war. Wie sollte auf dieser Grundlage die öffentliche Ordnung gewahrt werden, zumal es auch keine entsprechenden verfassungsrechtlichen Grundlagen gab? Vor allem: Wer war für diese Ordnung verantwortlich?

Zum einen lag bei den demokratischen Versammlungen zwar eine enorme politische Macht, insofern sie über eine unmittelbare Exekutivgewalt verfügten, die über weite Teile des bürgerlichen Privatlebens wie Familie, Erziehung oder Freizeitaktivitäten gestellt war. Zum anderen aber fehlte ein bürokratischer Apparat für die Durchsetzung konkreter Maßnahmen. Gewiss: Es gab die hohen Beamten (Magistrate), die vor allem in der Zeit der römischen Republik eine wichtige Rolle spielten. Doch ihre Zahl war überschaubar, sie wurden nur auf begrenzte Zeit gewählt – und waren in der Regel ehrenamtlich tätig. Außerdem konnten die Ämter normalerweise allein von privilegierten Personen bekleidet werden.

Trotz dieses eher kargen Apparats versuchte der römische Staat ziemlich rigoros, mit Gesetzen in das Privatleben seiner Bürger hineinzuregieren, indem er sich als moralischer Wegweiser betätigte und bis in die Intima hinein Schranken setzte: Unter Strafe standen beispielsweise Bordellbesuche, und der Weinkonsum unterlag zeitweise strengen Beschränkungen, vor allem für Frauen (gemäß dem alten Cato galten diese als besonders maßlos). Eine allgemeine Schutzpolizei, die für die Durchsetzung sorgte, gab es hingegen nicht. Zur Zeit der Republik oblag die Kontrolle zunächst von Tempeln, sodann von Märkten, öffentlichen Bädern, Bordellen oder Straßen den Ädilen, die als Aufsichtsbeamte fungierten. In der Kaiserzeit versahen Prätorianer und städtische Kohorten einige Aufgaben, die denen der heutigen Bereitschaftspolizei ähneln, also etwa die Wahrung von Ruhe und Ordnung mithilfe nächtlicher Patrouillen. Verstärkung organisierten diese sich selbst, indem Familienmitglieder (einschließlich Sklaven) rekrutiert wurden. Die Kaiser stellten neben den traditionellen Beamtenapparat private Verwaltungsorganisationen, die erst unter Hadrian (reg. 117–138 n. Chr.) auch verstaatlicht wurden.

Staat und Sex

Zwischen staatlichem Anspruch und gesellschaftlicher Wirklichkeit zeigten sich nun aber bemerkenswerte Unterschiede. Man nehme das Thema Eheschließung: Verstöße gegen die gesetzlich verordnete Heiratspflicht wurden zwar durchaus mit Strafen belegt, konnten aber nicht verhindern, dass Heiratsunwillige sich der Pflicht entzogen. Schließlich war auch eine Scheidung als recht unkompliziertes Verfahren angelegt, das auf ein beiderseitiges oder sogar nur einseitiges Einverständnis gestützt sein konnte. Formal war dafür weder eine Begründung noch die Hinzuziehung öffentlicher juristischer Instanzen erforderlich.

Im Zusammenhang mit dem Verhältnis zwischen den Geschlechtern spielten die römischen Schenken eine bedeutende Rolle: Sie fungierten oftmals zugleich als Bordelle. Prostitution war in allen Bevölkerungsschichten weit verbreitet, Sex gehörte sogar für die gestrengen Römer der älteren Zeit zum gesellschaftlichen Alltag wie Brot und Wein, allen Maßregelungen zum Trotz. Man konnte es freilich auch übertreiben: Marcus Antonius etwa, Cäsars Nachfolger auf Kleopatras Liebeslager, soll aus dem Haus des Universalgelehrten Marcus Terentius Varro eine Lasterhöhle gemacht haben, »in welcher vom frühen Vormittag an gesoffen, gespielt, gekotzt und gehurt wurde« (Cicero, Phil. 2, 105).

Im Übergang zur Kaiserzeit ergaben sich neue Versuche der staatlichen Lenkung auch durch gesetzliche Einengungen. Namentlich der Dichter Ovid sollte infolge der rigiden Ehegesetze, die Kaiser Augustus im Zuge seiner moralischen Volte erlassen hatte, davon ablassen, Erotik zu einer Art Ersatzreligion zu erheben, wie er es in seinen Schriften, allen voran der *Liebeskunst*, getan hatte. Ausgerechnet der wenig zimperliche Kaiser Caligula hat sogar eine Sexsteuer erhoben (den Gewinn eines Freiers pro Tag), mit der so interessanten wie perfiden Konsequenz, dass der Staat direkt am erotischen Geschäft verdiente.

Hinterzimmeraktivitäten wie Glücks- oder Wettspiele waren zwar verboten, wurden aber mit nur milden Geldstrafen geahndet. Auch beim Weinkonsum sind weiterhin mäßig erfolgreiche staatliche Kontrollbemühungen zu verzeichnen. Schließlich das Essen: Zumal in später Republik und früher Kaiserzeit galt Rom immerhin als Konsummetropole. Auch hier gab es Regulierungsversuche in Gestalt von »Aufwandgesetzen«, die aber kaum gegriffen haben. Einer ihrer Verfechter, Augustus' kaiserlicher Nachfolger Tiberius, vollzog sogar eine radikale Kehrtwende hin zum Laisser-faire, angeblich mit dem Ziel, die dekadenten Eliten langfristig durch Selbstzerstörung zu beseitigen.

Der Staat als Generalunterhalter

Gesetze und Verbote machen die eine Seite staatlicher Einmischung aus. Wie aber steht es mit der Wohlfahrt des römischen Staates? Immerhin sind die Römer auch für ihre teilweise dekadenten Spiele und Feste berühmt. Die herrschenden Klassen haben sich des Unterhaltungsbedürfnisses ihres Volkes nach Kräften bedient, und zwar verstärkt in der Kaiserzeit. Die Ausrichtung der offiziellen römischen Spiele beispielsweise oblag der kaiserlichen Familie, die von einem Beamtenapparat unterstützt wurde; die vom Satirendichter Juvenal (1. Jh. n. Chr.) pointiert formulierte Kritik an Oberflächlichkeit und mangelnder politischer Kultur des Volkes gipfelt in dem Diktum *panem et circenses*, ›Brot und Spiele‹. Neben diese öffentliche Unterhaltung traten alltägliche Vergnügungen wie Gastmähler oder Rezitationen, die allerdings, ähnlich den beliebten Bade- und Bildungsreisen, den oberen Schichten vorbehalten waren.

Ein besonders aussagekräftiges Beispiel in Sachen Wohlfahrt gibt Augustus ab. Dieser inszenierte sich nämlich nicht nur als moralische Instanz, sondern tatsächlich auch als Wohltäter. Im zweiten Teil seines autobiografisch gefärbten *Tatenberichts* zählt er nüchtern seine zahlreichen Gaben an das römische Volk in Form von Geld, Spielen und Gebäuden auf. Er führt den Staat wie das ›Geschäft‹ seines Lebens. Hinter diesem Ansatz verbirgt sich auch die überkommene staatsphilosophische Auffassung der Monarchie als auf Zuneigung (*caritas*) zu den Untergebenen basierend. Die Übernahme von Verantwortung hielt sich allerdings in überschaubaren Grenzen: Zwar fühlte sich der Staat für die Unterhaltung seiner Bürger und die Verwaltung ihrer Vergnügungen in einem gewissen Rahmen zuständig, weniger jedoch für ihre soziale oder medizinische Versorgung. Es gab keine Krankenversicherung (weder in Rom noch im antiken Griechenland), die Ärmsten waren auf Gratisbehandlungen oder Wohltätigkeiten angewiesen. Im griechischen Osten gab es immerhin öffentliche Ärzte, die ihren Sold von den Kommunen empfingen. Auch diese Beschränkungen dürften auf den Mangel eines bürokratisch-repräsentativen Überbaus zurückzuführen sein. Wo Staat und Volk schon im Begriff der *res publica* zusammengedacht werden, kann die Verantwortung für mangelnde Sorgfalt oder sinnlose Verbote allerdings auch nicht dem Staat angelastet werden.

Augenmaß

Trotz dieser Differenzen ist der historische Vergleich aufschlussreich. Man sieht, wie schon in Rom die staatliche Aufsicht an enge Grenzen stieß. Oft blieb sie auf die Unterstützung durch private Initiativen angewiesen. Eine Bürgerwehr nach Art römischer Sicherheitstrupps werden wir uns allerdings kaum ernsthaft wünschen. Deshalb lässt sich folgern: Gönn deinem Volk den Spaß, Vater Staat, denn Grenzen wird es ohnehin übertreten!

Augenmaß ist gefragt, um das Verhältnis zwischen Staat und Bürgern auszuhandeln, seine Spielräume in Richtung der Weitung oder auch der Überschreitung von Grenzen zu ermessen: Das wäre ein reizvoller, ja ein unerlässlicher Gegenstand für hart geführte öffentliche Debatten der Zukunft.

Mehr Staat und weniger Vertrauen denn je: Eine Krise der Repräsentation

Hans Ulrich Gumbrecht

Seit dem Ende des Zweiten Weltkriegs hat kein Ereignis den menschlichen Alltag so einschneidend verändert wie die Ausrufung der Pandemie im März 2020. Das andere Leben, mit dem wir zurechtkommen sollten, ging weiter mit einer störrischen Dynamik aus der Furcht vor tödlicher Ansteckung und einer bis dahin unvorstellbaren Kontrolle räumlicher Bewegungsfreiheit. Strukturell ähnelte diese Konfiguration, der niemand entging, tatsächlich den Wirkungen eines Kriegs. Doch gnadenloser noch als ein Krieg höhlte die allgegenwärtige Regel des ›sozialen Abstands‹ jenes entscheidende ›Zwischen‹ aus, das nicht allein Hannah Arendt (1906–1975) als den elementaren Rahmen unserer Existenz identifiziert hat. Bald fühlten sich die Klagen zur Situation deshalb genauso banal an wie die ethisch verzierten Durchhalteparolen. Ins Zentrum der Aufmerksamkeit rückte der Staat als institutionelle Form – und als einziger Agent der neuen Lage. Schon vor dem Einsetzen der Pandemie war diese Entwicklung in Bewegung gekommen.

Laufende Debatten

In Frankreich protestierten die sogenannten Gelbwesten gegen einen Staat, der aus langfristig relevanten finanziellen Überlegungen begann, seine Rolle als bedingungsloser Allversorger zu räumen. Ausgehend von Paris nahm dann eine europäische Debatte zum Thema »Grenzen des Wohlfahrtsstaats« Fahrt auf. In den Vereinigten Staaten hingegen konstatierte man nach drei Donald-Trump-Jahren den fortgeschrittenen Rückzug aus einem ganz anderen, primär außenpolitisch konzipierten Staatsverständnis als Weltmacht – hin zu nationalen Prioritäten. Waren die üblichen Begriffe vom Staat zu Auslaufmodellen geworden?

Mit dem globalen Ausbruch von Covid-19 steigerte sich diese laufende Diskussion in drei von je spezifischen Ereignissen ausgelösten Wellen zu wahrhaft überwältigender Problemkomplexität:

Den ersten Ideen-Tsunami über den Staat lösten die von zahlreichen Regierungen vollzogene Erweiterung der eigenen Exekutivmacht (meist ohne formelle Erklärung des Ausnahmezustands und ohne breiten wissenschaftlichen Konsens über den Grad kollektiver Gefährdung) sowie die auf diesen Schritt folgenden Bewegungen von Beistimmung und Kritik aus.

In einer aufgrund der Covid-Maßnahmen schon weitgehend stillgelegten Öffentlichkeit provozierte wenig später die Tötung des Afroamerikaners George Floyd durch drei Beamte der staatlichen Polizei weltweite Entrüstung und stellenweise in Gewalt umschlagende Manifestationen.

Schließlich schärften die amerikanischen Präsidentschaftswahlen Anfang November 2020 zwei weitere Perspektiven auf die Zukunft des Staats. Einerseits wurde die Niederlage Donald Trumps als ein Mehrheitsvotum für die durch seine politische Praxis infrage gestellte klassische Form der parlamentarischen Demokratie gedeutet. Andererseits bestätigte jenes gute Drittel von Bürgern, die – trotz Coronakrise und auch aus sogenannten ›Minderheiten‹ bestehend – für Trump gestimmt hatten, die Befürchtung, dass sie sich vom etablierten Stil demokratischer Politik nicht mehr repräsentiert glauben.

Eine neue Problemkonstellation

Selbst im ausschließlichen Blick auf den Staat konnte man also nicht mehr umhin, anstelle der bis dahin vorherrschenden Konzentration auf nur eine, in verschiedenen Gesellschaften beobachtete Grundspaltung nun zwischen zwei elementaren Problemen der Politik und zwischen je zwei Richtungen der Reaktion auf sie zu unterscheiden: Weiterhin stellte sich die Frage nach der Ausdehnung der Staatsmacht, einschließlich ihrer Dauer und Legitimität, mit Nachdruck. Erst mit der dramatischen Aufladung der vorausgehenden Spaltung jedoch wurde deutlich, dass der Unterschied zwischen Bürgern, die sich nicht mehr von den staatlichen Organen vertreten fühlen, und denen, die ihnen weiter vertrauen, als ein zweiter Gegensatz keinesfalls deckungsgleich ist mit dem Gegensatz zwischen Billigung und Ablehnung erweiterter Staatsmacht.

In dem so sichtbar gewordenen Positionen-Viereck tauchten neue Inkohärenzen und Brüche auf, denen die traditionelle Typologie von der politischen ›Linken‹ und der politischen ›Rechten‹ keinesfalls mehr genügt. Ein bisher übersehenes Potenzial von Fragen und Konflikten ergibt sich vor allem aus der Heterogenität der Gruppen, welche die je entgegengesetzten Positionen gegenüber dem Staat besetzen. Während der zur Selbstermächtigung neigende Covid-Staat immerhin auf die Unterstützung sozialdemokratistisch gesinnter Wähler in Europa und College-gebildeter Bernie-Sanders-Anhänger in Amerika zählen konnte, wurden die gegen denselben Staat gerichteten Proteste von ganz verschiedenen Protagonisten unterstützt, nämlich von angeblich rechtsradikalen »Querdenkern« auf Demonstrationen in Berlin und von maskenverachtenden Partybesuchern in Florida; aber auch von klassischen Liberalen, die den Ausdehnungsbewegungen des Staats schon immer misstraut hatten, und sogar von ähnlich klassischen Linken, die angesichts der elektronischen Kontrollmöglichkeiten für Regierungen im Ausnahmezustand in Panik gerieten.

Zentraler Widerspruch

Der explosivste aller Gegensätze im Verhältnis zum Staat findet sich unter jenen Bürgern, die sich von der politischen Praxis der bestehenden politischen Institutionen nicht mehr vertreten fühlen. Denn den Affekt des gebrochenen Vertrauens teilen die radikalen Kritiker des »systemisch« genannten Rassismus in den Vereinigten Staaten ausgerechnet mit jenen Landsleuten, die sie selbst bedenkenlos »Rassisten« nennen, weil sie ihnen vorwerfen, das eigene Gefühl, von der Gegenwart »abgehängt« zu sein, wichtiger zu nehmen als die Identitätsansprüche vielfältiger Minderheiten.

Dieser intern durchaus bedrohlichen Front der Staatsskeptiker steht ein breiter Horizont von ideologisch gesehen verschiedenen Positionen gegenüber, die alle von einer Reformierbarkeit des demokratischen Staats ausgehen. Sie empfehlen die Rückkehr zu lokalen Initiativen, die Betonung föderaler Institutionen oder die Bindung der Exekutive an sachbezogene Kompetenzkriterien. Nichts wäre angesichts einer solchen zentrifugalen Entwicklung riskanter für die Zukunft der demokratischen Staatsform als ein Rückgriff auf angeblich bewährte Standards politischer Praxis.

Alternativen zur Infantilisierung?

Als Gedankenexperiment in diesem Zusammenhang bietet sich die Situation des Glücksspiels an, welches die meisten westlichen Staaten seit dem 19. Jahrhundert einer – moralisch schwach begründeten – Kontrolle unterworfen haben. So ist es üblich geworden, dass Bürger, wie Vorschulkinder, vom Staat davor bewahrt werden, das Risiko eines potenziellen Schadens anzunehmen, der allein sie selbst betreffen kann. Zur Aufhebung solcher Vorsorge kommt es nur dann, wenn der Staat profitiert, wie etwa von dem in vielen Ländern bestehenden Lotteriemonopol. Könnte die Covid-Ermächtigung den Staat ermutigt haben, in solcher Kontrollbesessenheit um einige Schritte weiterzugehen? Für diesen Fall wird er mindestens mit einer neuen Schärfe kritischer Fragen zur Legitimität seiner Maßnahmen zu rechnen haben.

Da die Covid-19-Krise nichts deutlicher verändert hat als unsere Einstellung zum Staat, wäre den Politikern eine gewisse Vorsicht im Gebrauch der Machtstrukturen zu empfehlen. Nicht aufgrund oberflächlicher Vorentscheidungen zugunsten eines schwachen Staats und des angeblich mit ihm verbundenen Zugewinns an individuellen Freiheiten.

Vielmehr handelt es sich um eine Krise der Repräsentation, in der traditionelle Selbstverständlichkeiten für das Handeln des Staates geschwunden und alle Arten der Skepsis ihm gegenüber gewachsen sind, so dass man von seinem fraglosen Fortbestehen gar nicht mehr ausgehen kann. Politiker sollten also lernen, ihren Mitbürgern wie mündigen Erwachsenen zuzuhören – bevor sie sich wieder einmal daranmachen, in ihrem Namen die Zukunft zu gestalten.

Der demokratische Staat: Dein Feind und Helfer

Josef Joffe

Als Corona die Welt zu erobern begann, meldeten sich umgehend die Instant-Kassandren: Finis Demokratie! Die Gier nach Sicherheit-über-alles würde die Herrschenden ermächtigen, den liberalen Staat zu killen. Das Virus würde erst den Menschen, dann die Freiheit meucheln. Gruselig, aber grotesk. Flankiert von den Alu-Hüten und Verschwörungsspezialisten, haben die Schnelldenker den falschen Schurken ins Visier genommen: den Tyrannen im weißen Kittel.

Staat und Statistiker würden sich zur »Medico-« oder »Securitokratie« vereinen, die genauso autoritär sei wie China. Solche Schnellschüsse haben nicht einmal die Zielscheibe getroffen, geschweige denn ins Schwarze. Richtig ist nur, dass die westliche Welt unter dem Lockdown ächzt, derweil die Wirtschaft 2020 um 6 % abstürzte. Doch hat Covid den liberalen Staat weder infiziert noch demoliert. Die Seuche ist eine Katastrophe, aber die eigentliche Krise der Demokratie läuft seit Jahrzehnten fast unerkannt im Hintergrund ab. Der echte Schuldige ist nicht Covid, sondern das angebliche Opfer, der demokratische Staat. Wie das? Er wächst und wuchert und beschädigt sich selbst, indem er den freien Bürger einschnürt, ihm Autonomie und Selbstverantwortung abnimmt. Diese Langzeitkrise hat mit Covid so viel zu tun wie ein Thermometer mit der Ursache des Fiebers.

Falsche und echte Tyrannen

Zuerst die guten Nachrichten: Das Immunsystem der Demokratien funktioniert. Nehmen wir den Lieblingsschurken der Intellektuellen, Donald Trump. Der hat 2020 jeden Trick versucht, um Wählerverdikt sowie Gewaltenteilung auszuhebeln und Amerika in einen Caudillo-Staat zu verwandeln. Am Ende hat er sich dennoch den Gerichten gefügt. Seit dem 20. Januar 2021 ist er Geschichte.

In Jerusalem hat der Machtmensch Benjamin Netanyahu mithilfe von Covid-19 alle Winkelzüge ausprobiert, hat sich aber zuletzt der Judikatur sowie Neuwahlen unterworfen. Emmanuel Macron, Angela Merkel, Giuseppe Conte? Sie haben ihre rechtlichen Möglichkeiten in der Seuche weiter ausgeschöpft, herrschen aber nicht per Dekret (wenn sie denn noch herrschen), geschweige denn per Ermächtigungsgesetz.

Als Volkstribun hat Boris Johnson das Wahlvolk vorweg mit seiner Inkompetenz beeindruckt – bis er mit einer echten britischen Impfstrategie die Festland-Europäer abgehängt hat. Nein, die neuen Schurken, die gern als Boten des Unheils aufgefahren werden, sind in Wahrheit die alten: Xi, Putin, Orban, Erdogan, Kaczynski. Die haben ihre Völker lange vor Covid-19 in den totalitären Griff genommen. Die Seuche war allenfalls ein frischer Tupfer auf deren despotische Grundierung. Solche Demokratie-Killer brauchen keine Fallzahlen, um Ausgangs- und Demonstrationsverbote durchzusetzen. Die Wurzeln der Tyrannei in China und Russland gehen Jahrhunderte zurück. Die Unterwerfung in Ungarn und Polen läuft seit einem Jahrzehnt. Die Drittweltdiktaturen schafften es ebenfalls ohne Covid-19.

Die wohlwollende Volkspädagogik

Nun zu den schlechten Nachrichten: Die Bedrohung des liberalen Staates kommt nicht auf Panzerketten, sondern auf weichen Pfoten daher – im Gewande staatlicher Für- und Vorsorge. Die Veranstaltung entfaltet sich nicht in Fackelmärschen wie 1933 in Deutschland, die Instrumente sind nicht Pressezensur und Selbstermächtigung, NKWD oder Gestapo.

Nicht der böse, sondern der gute Staat ist das Problem. Terror ist out, Volkspädagogik in. Die Parole der Regierenden lautet: Um den unheimlichen Feind zu stoppen, müsst ihr Bürger brav und einsichtig sein. Wir wollen nur euer Bestes, aber ihr müsst die Verantwortung an uns übertragen. So wird der Staat zum Vormund und der Bürger zum Mündel. Das Verführerische an solchem Paternalismus ist die scheinbare Selbstlosigkeit: Der demokratische Staat tut es für uns, nicht für sich.

Leider ist das Problem viel älter als Covid-19, das mit Milliarden Impfstoffdosen eingedämmt, ja bezwungen werden wird. Die Bedrohung des liberalen – begrenzten – Staates wurzelt tiefer und geht weiter zurück als die Pandemie von 2020/21, wie die üblichen Verdächtigen raunen. Die Händler der Angst können die Zukunft ebenso wenig voraussehen wie die Epidemiologen, die heute so und morgen so plaudern, um in der Aufmerksamkeitsökonomie der Kameras ihren Platz zu behaupten. Seit Jesajas Zeiten macht das Menetekel mehr her als die Morgenröte.

Zum Vergleich: 1900 und 2020

Wie weit geht denn das Urproblem zurück? Nehmen wir als Benchmark 1900, den holprigen Aufbruch in das demokratische Zeitalter. Zart war damals das Pflänzchen; es gab etwa ein Dutzend Demokratien, vornehmlich im angelsächsischen Raum. Der gute Staat war noch ein Zwerg. Setzen wir als Messlatte die Staatsquote an, also wie viel die Regenten einnehmen und ausgeben, womit sie die Loyalität der Wähler erkaufen und den Verwaltungsapparat aufpäppeln, der per Autopilot steuert und verfügt.

Um 1900 kassierte der amerikanische Staat (Bund, Länder, Gemeinden) 8 %, 2020 waren es über 40, also eine Steigerung um 500 %. Großbritannien: von 12 auf 36 %. Deutschland: von 20 auf 45 %. Nicht erst seit Covid-19 fließen Billionen an Liquidität und ›Helikoptergeld‹; das Füllhorn schüttet seit dem Finanzdesaster von 2008 Wohltaten aus. In Deutschland wird die Staatsquote 2021 auf knapp 54 % der Wirtschaftsleistung anschwellen.

Allein die Sozialausgaben – Transfers – sind im Westen in den vergangenen 120 Jahren von ein paar Prozent steil hochgeschnellt. In Frankreich beträgt die Sozialquote ein Drittel des BIP, in Deutschland liegt sie bei mehr als einem Viertel. Selbst in der Schweiz, in der ehemaligen Bastion des Freisinns, lag sie 2018 bei 26 %. In England und Amerika lag sie einst bei knapp über null, heute beträgt sie 20 % plus – 10- bzw. 36-mal mehr als am Anfang des 20. Jahrhunderts. Märchenhaft wächst der gute Staat zwischen Toronto und Tokio, Andalusien und Amerika.

Das sind die dürren Zahlen. Der moderne Wohlfahrtsstaat nimmt und gibt – auch sich selbst. Und alles für hehre

Zwecke: von der Verteidigung bis zur ›sozialen Gerechtigkeit‹. Warum meckern? Weil Geld bekanntlich die Welt regiert. Wer zahlt, schafft an – und nicht unter der Knute der Obrigkeit, sondern mit dem willigen Ja des Wahlvolks. Wir nehmen für uns, aber geben gleichzeitig dem Staat, der mit jeder Milliarde Muskeln und Speck anlegt. Je mehr Verteilung, desto mehr Verwaltung, was die anschwellenden Heerscharen der Bürokratie erklärt. Selbst in der angeblich staatsskeptischen Schweiz wächst der Anteil der Staatsdiener schneller als jener der Beschäftigten in der Privatwirtschaft.

Der Staat, der (teure) Problemlöser

Honi soit qui mal y pense. Man muss dem demokratischen Staat nicht unbedingt Machtgier unterstellen. Die Bevölkerung wächst, die Städte verdichten sich, die Menschen rücken sich immer mehr auf die Pelle. Folglich muss der Staat regulieren und adjudizieren sowie Schulen, Straßen, Gerichte bauen. Die Macht expandiert mit dem Apparat. Weiter: Je mehr die Gesellschaft in subnationale ›Identitäten‹ je nach Geschlecht, Hautfarbe, Herkunft und weltlichem Glauben zerfällt, desto mehr Konflikte entstehen. Hier greift der Staat als Schiedsrichter, Gönner oder Zwangsvollstrecker ein und verschafft sich so noch mehr Gewicht. Sodann: Er verteilt ›Sozialvalium‹, um Klassen und Kontrahenten zu besänftigen. Er nimmt von Peter, um Paul zu geben – oder beiden mit unweigerlich steigenden Schulden, wie die Covid-19-Billionen zeigen. Ruhe ist die erste Herrscherpflicht, um ein Diktum vom alten Fritz umzudrehen. Schließlich: Der Bürger ist nicht dumm, sondern rational. Er organisiert sich in Tausenden von muskulösen Interessenverbänden, die mehr für die Ihren aus dem Füllhorn absaugen. Abermals wächst dem Verteiler Macht zu.

Unter dem Einfluss von Hegel regiert im deutschen Denken die Vorstellung vom selbstlosen Staat, der Sittlichkeit und Vernunft verkörpere. Der reale Staat hat aber seit biblischen Zeiten seine eigenen Interessen. Je mehr er kassiert und reguliert, desto fester wird sein Monopol im politischen Markt. Auch der Staat im grauen Anzug lenkt Ressourcen in die eigenen und die Taschen favorisierter Gruppen, um sich deren Treue zu sichern. Die Staatsklasse strebt nach Status, Aufstieg und Einkommen – und der Staat gibt nicht zurück. Der Apparat wächst.

Die Ausnahmen von diesem ›eisernen Gesetz‹ sind mit der Lupe zu zählen. Im letzten Kriegsjahr (1945) kassierte der US-Staat 52 % des BIP. Drei Jahre später waren es 20. Aber aufgepasst: Seitdem steigt die US-Kurve stetig an. Heute liegt die Staatsquote bei 44 % – neun Punkte mehr als vor Sars-CoV-2. Das ist gewiss ein Sondereffekt, aber der ändert nichts an der gnadenlosen Progression seit 1900, als die US-Quote bei 8 % anfing. Gleiches gilt für den Rest des Westens.

Die Moral von der Geschicht? Zitieren wir eine berühmte amerikanische Comicfigur namens Pogo, einen Dachs, den die Waldtiere als Kundschafter ausschickten. Bei der Rückkehr meldet er: »Ich habe den Feind gesehen, und er ist wir.« Covid-19 ist bloß ein höllisches Drama, das vergehen wird. Doch der schleichende Lockdown des liberalen, begrenzten Staates begann ca. 1900, als die Demokratie noch ein Kleinkind war. Die freien Bürger sind die Komplizen des freundlichen Leviathans.

Wir lieben den Vor- und Fürsorgestaat nicht, sind aber wie Junkies, die nach einem immer stärkeren Fix greifen. Die Entstaatlichung von Wirtschaft und Gesellschaft – sprich: Selbstverlass, Eigenverantwortung – war vorgestern (Thatcher, Reagan) und gestern (Blair, Clinton, Schröder halblinks). Heute herrscht eine links-rechte Koalition des Etatismus.

Covid-19 hat diesen Trend nicht ausgelöst, sondern nur beschleunigt. Und das Joch scheuert nicht. Warum sich dann wehren gegen die Herrschaft des Guten? Der Bürger fordert die nächste Wohltat, und der Staat gibt. Seine Rendite ist die Macht. Sie liegt weit über den Null-Schuldzinsen, die er sich selbst geschenkt hat. So entfällt im Vergleich zu 1900 der letzte Klotz am Bein des guten Souveräns, der sich bedient, indem er uns dient. Bloß: Wer merkt's?

Der Staat wird (wieder) zur Heimat: Konsequenzen

Renana Keydar

Innerhalb weniger Wochen ist der Nationalstaat mit seiner ganzen Macht zurückgekehrt. Wir haben 2020 das größte Anwachsen von Regierungsgewalt seit dem Zweiten Weltkrieg erlebt. Staaten werden jetzt danach beurteilt, was sie zur Bekämpfung und Begrenzung des Virus leisten. In einer beispiellosen Herausforderung sollen sie den Bürgern Zugang zu öffentlich-medizinischer Versorgung garantieren und all denen finanzielle Unterstützung gewähren, die in eine prekäre Lage geraten sind. Gegen die globalisierte Wirtschaft und das sich grenzenlos verbreitende Virus hat sich wie ein letzter Schutzwall die Grenze des Nationalstaats neu ausgebildet.

Eine folgenreiche Grenzverschiebung

Dieser nationalen Einkapselung, die auch in gestrichenen Flügen und leeren Flughäfen deutlich wird, entspricht eine aus vorgeschriebenen oder freiwilligen Maßnahmen der sozialen Distanzierung und der Quarantäne erwachsende private Einkapselung unter den Bürgern. In einer solchen Bewegung nach innen, zurück hinter nationale Grenzen und die eigenen Wände, gewinnt der Nationalstaat nicht allein seine Rolle als machtvolle Regierungsform zurück: Er wird tatsächlich zugleich zu einer Erweiterung des Zuhauses, ja zu einer Heimat.

Natürlich ist das Bild vom Nationalstaat als Zuhause historisch gesehen nicht auf Zeiten der Pandemie beschränkt. Der sich durch die Menschheitsgeschichte ziehende Elementarbegriff des Zuhauses ist eine in Bezug auf die Nation und die Einheit nationaler Identität häufig gebrauchte Metapher. Menschen- oder naturbedingte Krisen lösen regelmäßig Bewegungen nach innen aus, die in einem Zuhause enden.

So etwa nach dem 11. September 2001, als die Vereinigten Staaten in Reaktion auf einen Terrorangriff ihre Grenzen schlossen und ein Department of Homeland Security einrichteten, dessen Gründung vielfache Maßnahmen mit ähnlicher Tendenz einleitete. Da die Menschheit nun zwei Jahrzehnte später wieder eine weltweite Krise durchmacht, deren Komplexität, deren Langzeitwirkung und deren Ende nicht abzusehen sind, besteht erneut Anlass, die Voraussetzungen und Konsequenzen einer nationalen Einkapselung im Staat als neuer Heimat durchzuarbeiten.

In ihrem 1958 veröffentlichten Buch *The Human Condition* (auf Deutsch unter dem Titel *Vita activa oder Vom tätigen Leben* erschienen) verfolgt Arendt die bewegliche Grenzlinie zwischen öffentlichem und privatem Raum vom antiken Griechenland über das mittelalterliche Europa bis hin zur modernen Gesellschaft. Sie zeigt, wie *Polis* und *Oikia*, die Sphäre von Haushalt und Familie, in der Moderne miteinander verschmolzen. »Es ist uns selbstverständlich geworden«, schreibt sie, »diese Dinge nicht genau voneinander zu trennen, weil wir seit Beginn der Neuzeit jeden Volkskörper und jedes politische Gemeinwesen im Bild einer Familie verstehen, deren tägliche Geschäfte wie ein ins Gigantische gewachsener Haushaltsapparat verwaltet und erledigt werden.« Und weiter, in durchaus warnendem Ton: »Was wir heute Gesellschaft nennen, ist ein Familienkollektiv, das sich ökonomisch als eine gigantische Über-Familie versteht und dessen politische Organisationsform die Nation bildet.«

Der Übergang der Gesellschaft vom dunklen Innen des Haushalts ins Licht der Öffentlichkeit verwischt aus Arendts Perspektive nicht nur die Grenze zwischen Privatheit und Politik, sondern setzt menschliche Existenz der Gefahr aus, mit dem Verlust der Privatheit auch den einzig sicheren Ort des Rückzugs aus der Öffentlichkeit aufgeben zu müssen. Heimat ist ein Begriff, der in vielfachen Brechungen alle Aspekte der menschlichen Existenz angeht. Ihre Heimat trägt entscheidend zum Profil einer Person bei und ist ausschlaggebend für das Identitätsgefühl. Heimat steht für den materiellen Wohnort, aber auch für die tiefsten Verbindungen, welche Menschen mit ihren Familien, Freunden und Kulturen vereinen.

Diese Verfugung von Heimat und Nation aber bringt unvermeidlich Gefahren mit sich, weil sie profunde Unterschiede zwischen ›uns‹ und ›ihnen‹ heraufbeschwört, zwischen der Familie und den Gästen. Und wie wirkt sich die Metapher ›Heimat‹ für diejenigen aus, die einen als national beschriebenen Raum bewohnen? Der blinde Fleck und das Risiko, die sich aus ihrem Gebrauch ergeben, führen nicht nur zur archaischen Trennung zwischen ›uns‹ und ›ihnen‹, sondern bringen (vielleicht sogar mit größerer Intensität) auch Kräfte innerhalb des nationalen Raums in Bewegung.

Israel als Beispiel

Israel ist ein geeigneter Fall für die Diskussion der allgemeinen Frage, welche Folgen sich aus der Vorstellung vom wiedererweckten Nationalstaat als Heimat ergeben. Unter den Juden in Israel wirkt diese als eine Kraft, die jeden Aspekt der Alltagsbeziehung zwischen Bürgern und Staat mitgestaltet. Daraus ergeben sich neben einem normativen Selbstverständnis auch (eher unbeabsichtigte) Konsequenzen für die politisch-rechtliche Vorstellung vom Staat. Seit der Staatsgründung war das Bild in der politischen Imagination der israelischen Gesellschaft greifbar – und viel früher schon in den Zukunftsprojektionen von einem israelischen Staat unter den Juden der Diaspora. 1917 sicherte ihnen die sogenannte Balfour-Deklaration der britischen Regierung Unterstützung zur »Errichtung einer nationalen Heimat des jüdischen Volks« in Palästina zu. Auch die israelische Unabhängigkeitserklärung vom Mai 1948 benutzt den Ausdruck »nationale Heimat«. Rechtlich gesehen machte aber erst das »Rückkehrgesetz« von 1950, das jedem Juden ein Anrecht darauf gibt, nach Israel zu kommen und dort zum Bürger zu werden, den abstrakten Begriff von der »nationalen Heimat« verbindlich.

Damit war Israel im konkreten Sinn zum erklärten Wohnort für alle Juden der Welt geworden, zu einer Heimat der offenen Tür. Aus der Beschreibung eines Landes als ›Heimat‹ ergibt sich freilich die Verpflichtung festzuschreiben, wessen Heimat es ist, wer zur ›Familie‹ gehört und wer bloß als ›Gast‹ in dieser Heimat wohnt. Die Frage, wessen Heimat das Land ist, markiert bis heute die grundlegende Spannungslinie der israelischen Gesellschaft. Sie setzt Gruppen voneinander ab und zieht Risse durch Gemeinschaften. Der radikalste Schritt in der Errichtung des Nationalstaats folgte schließlich im Juli 2018, als die israelische Legislative das sogenannte »Nationalstaatsgesetz« annahm und damit das Land auch juristisch zum Nationalstaat machte.

Dieses Gesetz besagt, dass Israel »das historische Heimatland des jüdischen Volkes« sei und der Staat Israel »seine nationale Heimat«. Indem es den mythischen und zugleich geografischen Raum (das Land Israel) mit der politischen Form (dem Staat Israel) verknüpft, stellt das Gesetz fest, dass »das Recht, nationale Selbstbestimmung im Staat Israel auszuüben, auf das jüdische Volk beschränkt ist«. Obwohl sich dadurch politisch kaum etwas verändert hat, macht sein Status als Verfassungsäquivalent (in Israel als einer Nation ohne den Text einer Verfassung) das Gesetz zu einer Quelle für sich offen zeigende Spannung.

Dies ist unter Pandemiebedingungen nur noch deutlicher geworden. Anfang Juli 2020 nahm das Parlament ein Gesetz an, das die digitale Überwachung von Coronapatienten durch den Geheimdienst Shin Bet ermöglicht. Im Interesse einer Begrenzung von Ansteckungsfällen reagierte die Abstimmung damit auf eine Entscheidung des Obersten Gerichtshofs, die besagte, dass systematische Überwachungsmaßnahmen nicht durch Ausnahmeverfügungen der Regierung, sondern nur durch einen legislativen Akt verbindlich werden könnten. Seither sind Befürchtungen hinsichtlich der Besetzung der Privatsphäre durch den Geheimdienst aufgekommen, der für Aufgaben des Gegenterrorismus geschaffen worden war – und nicht für die Überwachung der täglichen Bewegungen israelischer Bürger.

Überwachungsmethoden aus dem Kampf gegen »Eindringlinge in die Heimat« können sich nun gegen Mitglieder der »eigenen Familie« kehren.

Arendts Metapher von den eigenen vier Wänden

Man kann die Entscheidung, Überwachungsmethoden gegen die eigenen Bürger einzusetzen, deren einzige ›Verfehlung‹ darin liegt, in Berührung mit Coronapatienten gekommen zu sein, als eine Umdefinition von Heimatbewohnern betrachten: Sie sind nun zu Eindringlingen in die Heimat geworden. Dieser Blick auf einen Nationalstaat, der auf diese Weise gegen seine eigenen Bürger arbeitet, provoziert Albträume hinsichtlich der politischen Zukunft. Allerdings geraten unter den Vorzeichen solch harscher Kontraste einige Nuancen der Verfugung von Nation und Heimat aus dem Bick.

Deshalb glaube ich, dass die Komplexität der Beziehung zwischen dem neuen Nationalstaat und seinen Bürgern besser mit einer anderen Familienmetapher zu erfassen ist – und zwar mit dem Bild von Eltern und ihren Kindern. Die jüngste Gesetzgebung macht Bürger zu Kindern, die im eigenen Zuhause geschützt werden müssen. An den drohenden politischen Konsequenzen für die Privatsphäre wird diese Sichtweise nicht viel ändern, doch die Struktur der Legitimierung wandelt sich grundlegend: Es geht nicht mehr um den Kontrast zwischen ›uns‹ und ›ihnen‹. Jetzt müssen ›wir‹ vor ›uns selbst‹ geschützt werden.

Arendt hatte wohl im wörtlich gemeinten Sinn die Materialität der »eigenen vier Wände« als Schutz gegen Öffentlichkeit und Staat ins Spiel gebracht. Die digitale Sphäre war als Bedrohung der Grenze zwischen öffentlichem und privatem Raum 1958 natürlich noch nicht vorstellbar. Immerhin stellte sie fest, dass »ein ausschließlich in der Öffentlichkeit gelebtes Leben« – ob es sich dabei nun um eine Auswirkung kontrollbeflissener Eltern oder überwachender Geheimdienste handelt – unweigerlich zu einer »eigentümlichen Verflachung« führe. Wenn der Nationalstaat an seinem demokratisch-freiheitlichen Programm festhalten soll, dann gilt es also, die auf ihn bezogene Metapher der Heimat kritisch zu reflektieren und in ihren Konsequenzen ernst zu nehmen. Die Bürger müssen die reale Möglichkeit haben, die eigenen vier Wände in Anspruch zu nehmen, um sich hinter sie zurückzuziehen. Denn allein diese erlauben ihnen, ein Leben in Würde zu führen.

Mehr Selbstorganisation: Warum Staat und Bürger zusammengehören

Karen van den Berg und Markus Rieger-Ladich

»Es darf gar keine Regierung mehr geben. Der Mensch ist so weit, sich heute selbst zu verwalten!«, rief Joseph Beuys (1921–1986) bei einer Podiumsdiskussion 1970 in Düsseldorf aus. Es gehe um Selbstbestimmung und nicht länger darum, »dass irgendeine revolutionäre Gruppe wieder eine Regierung bildet«. Das sei doch das Dilemma, immer aufs Neue Regierungen bilden zu wollen. Auf dem Podium wurde diese These im Anschluss kontrovers diskutiert. Der konservative Philosoph Arnold Gehlen (1904–1976) hielt entschieden dagegen: Robusten Institutionen und dem Staat vertraue er, weniger dem Individuum. Er gefiel sich augenscheinlich in der Rolle des abgeklärten Theoretikers, der den Künstler als weltfremden Idealisten vorführt.

Die beiden markierten idealtypisch zwei gegensätzliche Positionen: Während sich Gehlen den Staat als Ordnungsmacht wünschte, der seine Bürger vor Unwägbarkeiten und Unsicherheiten abschirmt, sah Beuys in ihm ein rechtliches Rahmenwerk, das sich daran messen lassen muss, allen gleichermaßen ein selbstbestimmtes Leben zu ermöglichen. Der Provokateur vom Niederrhein drängte darauf, die Demokratie weiterzuentwickeln. Bald darauf rief er die *Organisation für Direkte Demokratie durch Volksabstimmung* ins Leben und wurde später zum Mitbegründer der Partei *Die Grünen*.

Staat und Bürger: ein Dream-Team

Dass es die Idee der Selbstbestimmung zu radikalisieren gelte, war für viele 1968er eine Selbstverständlichkeit. Diese Überzeugung zählte in den Universitätsstädten seinerzeit zur habituellen Grundausstattung. Die Geschichte schien im Bunde mit aufklärerischen Idealen; die Zukunft stellte sich als Projektionsfläche für Hoffnungen dar und versprach die Überwindung des obrigkeitlichen Status quo. Anders als heute, in den Zeiten von Klimakrise und Pandemie, zeigte sich der Horizont nicht bedrohlich und verengt, sondern weit und offen.

Doch haben sich viele der Erzählungen, die in den 1970er Jahren zirkulierten, in ihr Gegenteil verkehrt: Versprach die Selbstbestimmung eine fortschreitende Demokratisierung, hat das emanzipatorische Vokabular nun die Seiten gewechselt. Kritikfähigkeit, Kreativität und Selbstbestimmung sind längst zu Schlagworten einer neuen Unternehmenskultur geworden. Umgekehrt geriet der Staat in den Verdacht, nicht mehr über die Kraft zu verfügen, dringend erforderliche Reformen anzustoßen. Die Covid-19-Pandemie indes wirft auf dieses schlichte Schema, in dem sich unbewegliche staatliche Organe und freie, selbstbestimmte Bürger gegenüberstehen, ein neues Licht. In den vergangenen Monaten erwies sich der Staat trotz allem immer wieder als unabdingbare, handlungsfähige Instanz. Deutlich wurde aber auch, dass er auf die Kooperationsbereitschaft der Bürger nicht verzichten kann.

Setzen sich Einzelpersonen in ihrer alltäglichen Praxis über die gebotenen Vorsichtsmaßnahmen hinweg, kann dies dramatische Folgen zeitigen und dafür sorgen, dass etwa Schulen und Betriebe erneut geschlossen werden müssen. Selten wurde in der Vergangenheit so deutlich, dass jeder Einzelne gehalten ist, sich eben auch als Teil einer Gemeinschaft zu begreifen. Das Austarieren von Nähe und Distanz, das wir beim Einkaufen, am Arbeitsplatz oder bei der Nutzung öffentlicher Verkehrsmittel längst praktizieren, indem wir Abstandsregeln und Hygienegebote einhalten, verweist auf einen Sachverhalt, den schon Arendt herausgestellt hatte. In ihrer *Vita Activa* sprach sie davon, dass wir unser Leben in einem »Bezugsgewebe menschlicher Angelegenheiten« führen.

Dieses Gewebe verknüpft nicht nur die individuelle mit der kollektiven Dimension: Es ruft auch in Erinnerung, dass wir auf die Zuwendung anderer angewiesen sind. Die Coronakrise zeigt nun die globale Dimension dieser elementaren Verletzbarkeit. Gleichzeitig macht sie unübersehbar, dass in diesem Bezugsgewebe auch der Staat, den finanziellen Mitteln und dem Gewaltmonopol zum Trotz, darauf angewiesen ist, dass die verfügten Maßnahmen von den Bürgern mitgetragen werden. Sie dürfen sich nicht als isolierte, fensterlose Monaden begreifen, sondern als Mitbürger, die sich ihrem Gegenüber verpflichtet fühlen.

Neue Nachbarschaft: New York und Hamburg …

Diese Verantwortung gegenüber dem eigenen Nahbereich, dem Quartier, stand lange unter dem Verdacht, reaktionäre Kräfte zu befördern. Doch lässt sich im Feld von Kunst, Architektur und Design schon länger eine Bewegung beobachten, die sich unter Begriffen wie *community building*,

›sozial engagierte Kunst‹ und ›Aktivismus‹ um eine Neubestimmung des Kollektiven bemüht. Solche Initiativen loten das Verhältnis von individueller Praxis, lokalen Gemeinschaften, staatlichen Aufgabenfeldern und globaler Solidarität neu aus.

Eines der bekanntesten Beispiele dafür ist die New Yorker »*High Line*«. Dieser Besuchermagnet im Süden von Manhattan ging aus einer Bürgerinitiative hervor: Anwohnerinnen, Architekten, Künstlerinnen, Designer, Stadt- und Landschaftsplaner setzten sich für den Erhalt einer alten Güterbahnstrecke ein und erwirkten deren Umnutzung in einen öffentlichen Begegnungsort. Auch andernorts mobilisieren Künstlerinnen, Architekten und Musikerinnen unter der Losung »Recht auf Stadt« lokale Kräfte. Sie widersetzen sich der Vereinnahmung von Stadtvierteln durch Großinvestoren und suchen den Verfall ganzer Stadtteile aufzuhalten.

So entstand im Hamburger Szeneviertel St. Pauli der mit Anwohnern entwickelte Bürgerpark »Park Fiction«. Hier hat das von den Künstlern Christoph Schäfer (*1964) und Cathy Skene (*1964) entwickelte Prinzip der »kollektiven Wunschproduktion« so weit Schule gemacht, dass der stark frequentierte Park nun auf Erweiterung drängt. In direkter Nachbarschaft wird unterdessen der Bau eines modellhaften Wohn- und Geschäftshauses mit öffentlichen Freiflächen nach den Ideen von Anwohnerinnen vorangetrieben: An der Reeperbahn lud dazu die *PlanBude* (ein Team ortsansässiger Künstlerinnen, Architektinnen, Designerinnen) unter dem Motto »Knack den St. Pauli Code« über Monate hinweg zu öffentlichen Workshops in einen Planungscontainer ein. Erfolgreich stellten Anwohner so dem Bauvorhaben eines Großinvestors eigene Konzepte entgegen, die die Atmosphäre und das soziale Gewebe des Stadtteils weiterentwickeln, anstatt es zu zerstören.

... Berlin und Paris

In Chicago ist es der Künstler Theaster Gates (*1973), der dem Verfall anheimgestellten Gebäuden in der überwiegend von Schwarzen bewohnten South Side zu begegnen versucht. Unter tatkräftiger Mithilfe der Anwohner und durch den Einsatz recycelter Baustoffe entwickelt er soziale Treffpunkte und öffentliche Bibliotheken. Von ähnlichen Anliegen motiviert, gründete die Künstlerin Marina Naprushkina (*1981) mit Freunden 2013 in Berlin den »Verein Neue Nachbarschaft // Moabit«. In dem dazugehörigen Kulturcafé erteilen sich Geflüchtete und Kiezbewohner gegenseitig Sprachunterricht, tauschen Wissen und Fähigkeiten und betreiben auf diese Weise eine Art alternative Volkshochschule.

Das französisch-rumänische Kollektiv »AAA« (Atelier d'Architecture Autogérée) wiederum wird in solchen Vororten von Paris aktiv, die eigentlich von Prekarität und Armut geprägt sind. Seine Mitglieder vertrauen ebenfalls auf die Kompetenzen der Nachbarschaft und entwerfen zusammen mit den Bewohnern Bürgerzentren, schaffen selbstverwalteten Wohnraum, legen öffentliche Gärten an und organisieren Bildungsprogramme. Auch hier stehen nicht länger charismatische Künstlerinnen unbedarften Laien gegenüber: An ihre Stelle ist eine Kreativität der vielen getreten.

All diese Projekte sind daran interessiert, Räume der Selbstbestimmung in der eigenen Nachbarschaft ins Leben zu rufen. Zugleich aber sind solche Initiativen auch hochgradig vernetzt. Ihre Vertreter tauschen sich in internationalen Foren über Möglichkeiten aus, wie sich die Transformation des Sozialen mit neuen Formen der Selbstbestimmung verbinden lässt.

Eine Neuordnung des Sozialen

Initiativen wie die Hamburger »PlanBude« können die Gestalt zivilgesellschaftlicher Klassenzimmer annehmen. Es gibt sie mittlerweile weltweit. So lädt die aus Jerewan stammende Kuratorin Anna Kamay, unterstützt von einheimischen Jugendlichen und Helfern, seit 2018 zu einem Festival in ein zerstörtes Theater in Berg-Karabach ein. Ein wichtiger Teil ihrer kuratorischen Arbeit besteht im Wiederaufbau des einstmals kultur- und sprachübergreifenden Theaters, das Armenier und Aserbaidschaner, die von einem blutigen Bürgerkrieg belastet sind, einander näherbringt.

So groß die gesellschaftlichen Verwerfungen derzeit sind und sosehr die pluralistisch verfasste Öffentlichkeit von Klimakrise, Pandemie und autoritären Kräften einem Stresstest unterzogen wird: In diesen Initiativen artikulieren sich vitale zivilgesellschaftliche Kräfte, die auf eine Neuordnung des Sozialen setzen. Immer wieder bringen sie Keimzellen einer widerständigen Selbstregierung hervor. Gemeinsam sind den hier beschriebenen Projekten nicht allein ihr antipaternalistischer Ansatz, der lokale, selbstorganisierte Charakter und die Vision einer globalen Redemokratisierung. Sie alle engagieren sich überdies in einem Bereich, der traditionell in die Verantwortung des Staates fällt – etwa der Wiederaufbau eines Theaters, Stadtentwicklung und Förderung sozialer Wohnprojekte.

Gleichwohl wendet sich keine dieser Initiativen gegen den Staat und seine Einrichtungen: Dieser stiftet oft den rechtlichen Rahmen und bleibt zuweilen sogar wichtiger Geldgeber. Vielmehr reagieren sie auf die fortschreitende Verrechtlichung des Sozialen und setzen auf die lokale Freisetzung kollektiver Leidenschaften, also die Schaffung dessen, was im Anschluss an Alexander Kluge (*1932) »Möglichkeitsräume« genannt werden könnte.

Staatlichkeit und Kompetenz: Eine Beziehung im Umbruch

Julian Krüper

Als der deutsche Gesundheitspolitiker Karl Lauterbach (*1963) gefragt wurde, ob die Politik mehr Sachverstand brauche, musste er nicht lange überlegen. Es fehle der Politik »massiv an Wissenschaftlern«, sagte Lauterbach, der Medizinprofessor an der Universität in Köln und außerdem Experte für Public Health sowie Mitglied des Deutschen Bundestages ist. Solche Forderungen nach mehr Sach- und Fachverstand in der Politik sind keineswegs neu. Schon Platon wünschte sich die Herrschaft eines Philosophenkönigs und einer kompetenten Politeia. Doch selbst unter demokratischen Vorzeichen ist die Idee vom Staat als Kompetenzordnung noch nie verwirklicht worden.

Dies hat mit unserer historisch geprägten Auffassung von Demokratie zu tun. Denn wenn wir von ihr sprechen, dann sprechen wir von Wahlen und Wahlrecht, von Bürgern, Abgeordneten und Ministern, von Parteien, Parlamenten oder Regierungen – und auch davon, wie solche Instanzen im Staat zusammenhängen. Über allem schwebt das demokratische Prinzip, nach dem das Volk der Souverän ist und alle Bürger vor dem Gesetz als gleich gelten. Darin steckt mehr als klangvolle Verfassungslyrik, denn der Gleichheit kommt im demokratischen Staat die zentrale legitimierende Rolle zu: gleiches Wahlrecht für alle Bürger, gleiche Chancen für alle Parteien, gleiche Rechte für alle Abgeordneten. Nur unter diesen Voraussetzungen akzeptieren wir staatliche Herrschaft als demokratisch.

Gleichheit vs. Kompetenz

Doch womöglich ist die Geschichte der Demokratie entlang dem Motiv politischer Gleichheit noch nicht vollständig erzählt. Denn der demokratische Staat ist eigentlich ein Paradox: Während die Ahnherren der modernen Soziologie das Lied von Differenzierung, Spezialisierung und Professionalisierung sangen, das bis heute ein echter Hit geblieben ist, geht die Demokratie einen anderen Weg und verallgemeinert die Konzeption vom Volk als Souverän. Alle Bürger, alle Abgeordneten sind in ihrem politischen Wollen und ihrem demokratischen Dürfen gleich. Demokratische Herrschaft ist demnach ein Wettstreit gleichberechtigter Interessen und Wünsche.

Kaum eine Rolle spielt dabei, wer neben dem Recht auch über die Kompetenz zur Entscheidung verfügt. Wenn von Demokratie als Selbstregierung des Volkes die Rede ist, dann wird seine einschlägige Fähigkeit meist stillschweigend vorausgesetzt. Systematisch garantiert wurde diese Fähigkeit aber nie, weil im Kampf um die Durchsetzung der Demokratie immer galt: Erst kommt die Gleichheit, dann die Kompetenz. Sind Partizipation und Inklusion nur breit genug, so die Hoffnung, werden schon gute Entscheidungen getroffen werden.

Soweit es um die Selbstbestimmung des Menschen in ureigenen Angelegenheiten ging, um die Emanzipation von Kirche, Obrigkeit oder Lehnsherren, hatte die Blindheit des demokratischen Denkens für die Entscheidungskompetenz der Menschen ihren guten Sinn: Jeder ist selbst seines Glückes Schmied, mit allen Chancen, aber auch allen Risiken. Dort jedoch, wo es um die anspruchsvolle Steuerung eines ganzen Gemeinwesens geht, liegen die Dinge komplizierter. Dies gilt für die direkte als auch für die repräsentative Demokratie gleichermaßen. Das Spannungsverhältnis zwischen Herrschaft in Gleichheit und Herrschaft kraft Kompetenz ist der Demokratie also in all ihren Verwirklichungsformen eingeschrieben.

Solange der Kampf um die Durchsetzung der Demokratie währte, trat dieses Spannungsverhältnis kaum in den Blick. Unter der Voraussetzung durchgesetzter politischer Gleichheit der Bürger aber, also unter den Anforderungen einer modernen Wissensgesellschaft und angesichts abnehmender demokratischer Partizipation, rückt die Frage nach der Kompetenz des demokratischen Staates und seiner Institutionen mit immer größerem Nachdruck auf die Tagesordnung. Im Kern steht dabei die Vermutung, dass Erfahrungswissen, gesunder Menschenverstand und breite bürgerschaftliche Partizipation nicht ausreichen, um die Legitimation staatlichen Handelns zu gewährleisten. Nicht mehr Erfahrung und Intuition sind entscheidend, sondern professionelles Wissen und Kognition. Wie sich die Institutionen des Staates auf solche Erwartungen einstellen können, wird seit einiger Zeit intensiv debattiert.

Radikale Vorschläge

Radikal ist der Vorschlag des amerikanischen Philosophen Jason Brennan (*1979). Er will die Axt an das Allerheiligste der Demokratie legen, an das allgemeine und gleiche Wahlrecht. Die Herrschaft der Dummen soll durch eine Herrschaft der Wissenden ersetzt werden: Willkommen zur

Philosophenherrschaft. Nicht allein sollen bloß kompetente Bürger gewählt werden, es sollen auch nur kompetente Bürger wählen und inkompetente auf die Ausübung ihres Wahlrechts verzichten. Das Modell ist ebenso provokant wie rein theoretisch, denn es kommt ohne einen Vorschlag zu seiner Umsetzung daher. Der belgische Historiker David Van Reybrouck (*1971) will demgegenüber Wahlen demokratischer machen und durch das Los bestimmen lassen, wer das Volk repräsentieren soll. Erprobt worden ist dieses Modell in der attischen Demokratie der griechischen Antike. Ob es sich auch für die Massendemokratie der Moderne empfiehlt, ist fraglich. Bürger mögen heute mündiger sein als ehedem: Doch politische Mündigkeit ist eben nicht das Gleiche wie sachliche Entscheidungskompetenz.

Neben solchen teils anregenden, teils resignativen, jedenfalls aber extremen Utopien werden Stimmen laut, die nicht Wählern und Wahl, sondern den Institutionen des Staates ein Kompetenz-Upgrade angedeihen lassen wollen. Der französische Historiker Pierre Rosanvallon (*1948) etwa will demokratische Legitimität dadurch erhöhen, dass mehr und mehr politisch unabhängige und nur der Sache verpflichtete Behörden eingerichtet, mithin der Gerechtigkeit im Einzelfall verpflichtete Verfassungsgerichte etabliert werden. Schließlich fordert er eine stärkere Offenheit der Politik auch für partikulare Belange. Das mag nicht notwendigerweise bessere Entscheidungen in der Sache bewirken, dürfte jedoch zu einer breiteren Vertretung unterschiedlicher Interessen führen. Dabei soll diese »Legitimität der Nähe« vor allem durch offene und responsive Kommunikationsprozesse gewährleistet werden.

Der deutsche Politikwissenschaftlter Helmut Willke

(*1975) schließlich entwirft das Modell einer »dezentrierten Demokratie«. In ihr soll die Fixierung der repräsentativen Demokratie auf das Parlament relativiert und dessen Plenum um ein System dezentraler Gremien mit jeweils besonderer Expertise ergänzt werden. Dabei denkt Willke nicht an die schon immer für die Parlamentsarbeit wichtigen Ausschüsse, sondern an parlamentsexterne Expertengremien, die (ähnlich wie die von Rosanvallon favorisierten unabhängigen Behörden) einen eigenen Bereich politischer Autonomie und finanzieller Ausstattung haben. Dem ›Oberhaus‹ des Parlaments stünde in diesem Modell ein ›Unterhaus‹ aus verschiedenen unabhängigen und entscheidungskompetenten ›Senaten‹ gegenüber. Das demokratische Versprechen von Gleichheit und Allgemeinheit stellen weder Rosanvallon noch Willke mit ihren Vorschlägen grundsätzlich infrage, sehr wohl aber dessen spezifische Leistungsfähigkeit.

Umsetzbare Ideen

In der Tat könnte in Willkes Vorschlag von der Entlastung des Parlaments ein Schlüssel zur Optimierung politischer Sachentscheidungen liegen. Vieles, was ein Parlament in seinem Plenum entscheidet, ist so komplex, dass es sich besser für sachverständige Gremien eignet. Anderes wiederum ist so trivial, dass es der hohen Symbolkraft einer Plenarentscheidung nicht bedarf. Dass sich in Parlamenten heute immer häufiger eine Abwanderung von Entscheidungen in ausnahmsweise entscheidungsbefugte Ausschüsse oder Kommissionen feststellen lässt, überrascht daher nicht. Das geschieht aber bisher tendenziell im Verborgenen, obwohl viel dafürspricht, das Parlament in genau dieser Richtung zu reformieren. Dabei entstünde der positive Nebeneffekt einer Konzentration des Plenums auf die zentralen politischen Fragen des Gemeinwesens, mit der das Parlament wieder zu einem lebendigen Ort der öffentlichen Kontroverse werden könnte.

Man müsste nur von der Idee Abschied nehmen, dass alle Abgeordneten stets an allen Entscheidungen mitwirken müssen. Dass sie dies tatsächlich tun, ist weder wahrscheinlich noch sinnvoll, jedoch eine mit Inbrunst gepflegte demokratische Folklore. Ginge man stattdessen weiter und delegierte Entscheidungen an gestärkte Parlamentsausschüsse oder gar an kompetente ›Senate‹ im Sinne Willkes, so wäre eine solche Veränderung durch Rückhol- und Einspruchsrechte des ›Oberhauses‹ abzusichern. Trivial ist dies alles nicht, aber auch keineswegs unmöglich. Modelle dazu sind schon lange vor Rosanvallon und Willke entworfen, indes nie umgesetzt worden.

Klar muss aber auch bleiben: Ein solcher Umbau des Parlaments als zentraler demokratischer Institution ist ein zweischneidiges Schwert. Dass das Ideal demokratischer Gleichheit dadurch nicht nur relativiert, sondern beschädigt werden kann, liegt auf der Hand. Auch sollten die Erwartungen an mehr Sachverstand in der Politik, gar wissenschaftliche Kompetenz, nicht überzogen werden. Denn häufig vermittelt Wissenschaft nicht die ersehnten absoluten Gewissheiten, sondern reichert ohnehin schwierige Fragen mit noch mehr Komplexität und Ungewissheit an.

Politische Bewertungen, Gewichtungen und Entscheidungen werden weiter unausweichlich sein. Die Demokratie bleibt auch unter den Vorzeichen eines demokratischen Kognitivismus eine Struktur, die bestimmte Einstellungen vor anderen bevorzugt, in der Kompromisse gefunden, konkurrierende Interessen gegeneinander abgewogen und strategische Ziele verwirklicht werden müssen. Politik folgt selbst in der Wissensgesellschaft eigenen Gesetzen und nicht den Regeln eines wissenschaftlichen Hauptseminars. Die sachliche Angemessenheit ihrer Entscheidungen stellt dabei ein Qualitätsmerkmal dar, aber eben nicht das einzige.

Dem Anliegen, die Kompetenz aller staatlichen, aber besonders der demokratischen Institutionen im engeren Sinne aufzuwerten, ist damit freilich nicht seine Berechtigung genommen. Der Bedarf an hinreichend egalitären, zugleich aber angemessen kompetenten demokratischen Institutionen wächst. Diese sind nicht nur als Orte einer Repräsentation von Gleichen zu entwerfen, sondern zugleich als Orte eigener Sachkompetenz. Parteien, Parlamente und Regierungen dürfen sich nicht mehr nur als politische Akteure verstehen, sondern zugleich als Instanzen des Wissens. Dann wird neben der egalitären Legitimation der Politik auch ihre konkrete Entscheidungsfähigkeit zu einem Prüfstein demokratischer Ordnung. Das ist keine Kleinigkeit, denn es geht dabei um nichts Geringeres als den Versuch, das Verhältnis von Selbstregierung und Selbstregierbarkeit des Volkes im demokratischen Staat auf der Höhe der Zeit grundlegend neu zu bestimmen.

Algorithmen an die Macht: die digitale Direktdemokratie

Miriam Meckel

Am 5. Februar 2020 hat sich die parlamentarische Demokratie im deutschen Bundesstaat Thüringen blamiert. An diesem Tag wurde Thomas Kemmerich (FDP) zum Ministerpräsidenten gewählt. Das hätte eine gute Nachricht sein können, denn einen liberalen Regierungschef gab es in der deutschen Nachkriegsgeschichte erst ein einziges Mal. Diversität belebt das politische Geschäft.

Aber es war keine gute Nachricht. Denn es wurde ein Mann Ministerpräsident, dessen Partei überhaupt nur mit Ach und Krach die notwendige Fünf-Prozent-Hürde überwunden hatte – gewählt von den Abgeordneten der CDU, FDP und AfD. Die hatte eigentlich einen eigenen Kandidaten im Rennen – als Statisten, wie inzwischen klar ist. Ein solches Ergebnis ergab sich nicht aus der Mehrheitsverteilung im Thüringer Landtag, es ließ sich auch auf keinem Wege nach den Regeln der Mathematik errechnen. Dieses Ergebnis entstand einzig und allein aus dem Willen, das politische System vorzuführen als das, was es inzwischen ist: ein Schatten seiner eigentlichen Bestimmung.

Die Thüringer Vorkommnisse sind ein Beispiel für die Ränkespiele der politischen Ordnung, die inzwischen den Staat anscheinend ausmacht. Sie sind ein konkretes Signal, dass man sich auf gravierende Veränderungen des politischen Systems einstellen muss. Doch wo die analoge politische Gestaltung des Staatswesens versagt, da wird die

Technologie mit ihrem effizienten und agnostischen Zugriff auf alle verwendbaren Daten Schritt für Schritt übernehmen.

Die Gamification der Politik

Das ist ein Treppenwitz der Staatsgeschichte. Wird häufig vor dem Einfluss der Technologie, vor allem bei Wahlen, als einem gefährlichen Spiel gewarnt, könnte sich die Logik bald genau umgekehrt entfalten: Die von Menschen gemachte Politik erweist sich als neue Form von Gamification. Macht wird zum Spiel, dessen Regeln den politischen Willen überlagern, der von den Bürgerinnen und Bürgern ausgeht.

Das ist, zugegeben, nicht ganz neu. Der Politikwissenschaftler Ulrich Sarcinelli (*1946) hat die Anfänge dieser Degeneration politischer Repräsentation bereits Mitte der 1980er Jahre als »symbolische Politik« beschrieben. Der US-Ökonom Paul Krugman (*1953) sah uns 2017 im »Zeitalter der Fake-Politik« angekommen. Der libertäre Internetunternehmer Peter Thiel (*1967) kommt gar zu dem Ergebnis, dass »Freiheit und Demokratie nicht mehr länger vereinbar« sind. Ruhiger lässt sich konstatieren: Das parteipolitische System ist immer ineffizienter geworden. Es spiegelt an vielen Stellen nicht mehr den Willen der Bürger und korrumpiert den Grundgedanken, der das Wesen des demokratischen Staates beschreibt: Das Volk übt die Staatsgewalt aus. Bisher musste man das irgendwie hinnehmen. Doch Technologie könnte hier mal ganz anders wirken als erwartet: als Unterbrechung bzw. als Disruption der Degeneration.

In nahezu allen Lebensbereichen hat Technologie in den vergangenen Jahren dazu beigetragen, Entscheidungen datenbasiert zu erleichtern, um schneller auf veränderte Rahmenbedingungen reagieren zu können. Nur in der praktischen Umsetzung von Demokratie durch Wahlen ist sie noch immer nicht angekommen. Naiv ist, wer glaubt, der technologische Fortschritt werde sich nicht auch die Entscheidungsprozesse der Staatslenkung und -verwaltung zu eigen machen. Vielleicht ist das, gemessen am heutigen Stand der Erkenntnis, nicht mehr Dystopie, sondern eher Utopie von einer demokratischen Rettung?

Asimov sah es kommen

Der amerikanische Professor und Science-Fiction-Autor Isaac Asimov (1920–1992) hat in der Kurzgeschichte »Franchise« (1955) die frühe Version einer »elektronischen Demokratie« entworfen. In dieser entscheidet der zufällig ausgewählte Amerikaner Normal Muller über die politischen Geschicke des gesamten Landes. Ihm werden Fragen gestellt, seine Antworten werden mithilfe des Computers Multivac ausgewertet und auf die Wahlpräferenzen der gesamten Bevölkerung hochgerechnet. Muller ist stolz, dass durch ihn die amerikanische Bevölkerung in die Lage versetzt wird, »frei und ungehindert ihr Wahlrecht auszuüben«. Algorithmische Prognostik ersetzt individuelle Stimmabgabe.

So würde das heute sicher nicht aussehen. Denn die technischen Möglichkeiten der Datenauswertung reichen inzwischen viel weiter, als Asimov sich das Mitte der

1950er Jahre vorzustellen vermochte. Längst lassen sich über Analysen von Twitter-Daten, Google Trends und anderen großen digitalen Datensätzen ziemlich genaue Prognosen darüber erstellen, wie Menschen einkaufen, investieren und sich sonst so verhalten. Auch Wahlausgänge lassen sich vorhersagen.

So hat Univac III, der erste kommerzielle Großcomputer in den USA, schon 1952 auf Basis einer Stichprobe von einem Prozent der Wahlbürger korrekt den Erdrutschsieg Eisenhowers vorhergesagt, während die meisten Umfragen Stevenson vorne sahen. Bei der US-Präsidentschaftswahl 2016 sahen fast alle Meinungsforschungsinstitute Hillary Clinton vorne, die südafrikanische Firma Brandseye sagte jedoch einen Wahlsieg Trumps voraus: Die Datenfirma analysiert per Algorithmus weltweit Tweets auf Stimmungslagen hin und prognostizierte den Sieg Trumps wie auch zuvor schon die Pro-Brexit-Entscheidung der Briten. Obwohl längst nicht alle betroffenen Bürger auf Twitter unterwegs sind, erlauben die zugrundeliegenden Datensätze erstaunlich präzise Prognosen.

Eine algorithmische Wahl, gestützt auf die Rechen- und Prognosekapazitäten künstlich intelligenter Systeme, könnte hinreichend genau beschreiben, was die Bürger wollen. Die Berechnungen ließen sich permanent auf Basis wachsender Datenmengen und immer zeit- und passgenau durchführen. Damit trügen sie auch den Veränderungen der Meinungsbildung Rechnung, die jederzeit bei einer Entscheidung auch kurzfristig möglich sind. Nicht ein ausgewählter Prototyp käme zu Wort, sondern jede Präferenz hätte theoretisch die gleiche Chance, in einem automatisierten Entscheidungsprozess berücksichtigt zu werden.

So ungewöhnlich dieser Gedanke auf den ersten Blick sein mag: Ist es wirklich vorstellbar, dass alle Lebensbereiche, das Einkaufen, die Partnersuche, die Jobsuche, zunehmend durch Algorithmen gesteuert werden, während die Entscheidungsfindung in Staat und Politik in der vordigitalen Unzulänglichkeit des Staatswesens, im menschlichen Makel steckenbleibt?

Volkswille statt Parteiinteressen

In einer Umfrage des »*Center for the Governance of Change*« unter 2500 Erwachsenen in Großbritannien, Spanien, Deutschland, Frankreich, Italien, Irland und den Niederlanden sagte im Frühjahr 2019 ein Viertel der Befragten, politische Entscheidungen sollten lieber durch eine künstliche Intelligenz als durch Politiker getroffen werden. Das spiegelt zum einen den Vertrauensverlust wider, der Institutionen und ihren Repräsentanten seit einiger Zeit entgegenschlägt, jedoch auch die Vorstellung, dass technologisch gestützte Entscheidungen vielleicht genauer, treffender oder gar gerechter sein könnten.

Das ließe sich beispielsweise auch am Haushaltsrecht des Parlaments erproben. Die Zuteilung der Mittel hängt nicht selten auch davon ab, wie durchsetzungsfähig ein Minister oder eine Ministerin ist, und davon, welche parteipolitischen Interessen mehr oder weniger Gewicht haben. Die Interessen der Bevölkerung können sich davon durchaus unterscheiden. Würde man einen Haushaltsentwurf auf der Grundlage datenbasierter Bedarfsanalysen durch ein KI-System erstellen lassen, rückten die Bedürfnisse des

Volks anstelle parteipolitischer Interessen wieder in den Vordergrund.

Der Aufschrei aller Nostalgiker und Technophobiker schallt schon aus der Zukunft heran: Wie kann man es wagen, dem Volk und dem Parlament sein jeweils höchstes Recht zu nehmen? Das ist einerseits ein legitimer Einspruch. Doch greift er anderseits längst ins Leere. Denn die Gamification des Staates hat beide Rechte weitgehend ausgehöhlt. Mithilfe von algorithmischen Vorausberechnungen könnte man die Logik des demokratischen Entscheidungsrechts umdrehen: Eine KI erarbeitet die Entscheidungsvorlagen auf Basis von Big Data. Das Volk und das Parlament stimmen dann über diese Vorlagen ab. So ließe sich ein demokratischer Vorbehalt in einem System garantieren, das von der perfektionierten Prognostik profitiert.

Eine wesentliche Voraussetzung dafür ist bis jetzt nicht gegeben: Die Daten müssten um die Verzerrungen bereinigt werden, die eine künstliche Intelligenz oft genauso wenig gerecht machen wie eine menschliche. Das wird nicht gelingen, wenn auf Basis von Daten der Vergangenheit in die Zukunft extrapoliert wird. Würde man dem Staatswesen jedoch eine Stunde null der Datensammlung gönnen, um ab dann ein neues, inklusives Datenrepositorium aufzubauen, wären die Vorzeichen andere. Die Qualitätssicherung dieser Daten müsste Verfassungsrang erhalten, die Aufsicht über sie höchsten Ansprüchen genügen.

Digitalisierung macht das Leben an vielen Stellen direkter. Dem werden sich auch Staat und Politik nicht dauerhaft entziehen können. Eine algorithmische Repräsentation politischer Präferenzen würde politisches Entscheiden auf die Ebene einer digitalen Direktdemokratie heben. Mit einem

Abstimmungsvorbehalt für die errechneten Maßnahmen bliebe der Mensch immer im Loop – allerdings am Ende der Entscheidungskette. Was geschieht, wenn er am Anfang steht, haben wir jetzt lange genug als Sinnentstellung des politischen Systems beobachten können.

Der Staat und die digitalen Medien: Bedrohungen

Fred Turner

Unter den Bürgern Kaliforniens gibt es eine lange Tradition, den Staat herauszufordern. Während der 1960er Jahre kämpften viele Tausende von ihnen um die Bürgerrechte und protestierten gegen den Vietnamkrieg. In den 1970er Jahren gingen sie für Schwulenrechte auf die Straße. Und spätestens seit Anfang der 1980er Jahre haben sie die in ihrer Welt erfundenen und gebauten Computersysteme als Technologien für die Ausweitung individueller Freiheit aufgefasst – für die Ausweitung einer Freiheit außerhalb des Zugriffs der Obrigkeit.

Im Gegenzug haben führende Unternehmer des Silicon Valley (von Steve Jobs bis Mark Zuckerberg) beständig verkündet, dass digitale Medien zur Ausbildung einer egalitären Gesellschaft beitragen können, die sich stärker an Zusammenarbeit orientieren und ganz ohne staatliche Tyrannei auskommen wird. Mittlerweile sollten sie vielleicht nicht mehr ganz so zuversichtlich sein. Denn in den letzten Jahren hat man weltweit begonnen, eine erschreckende Ironie wahrzunehmen: Gerade die Aspekte der digitalen Medien, von denen man glaubte, dass sie unsere Gesellschaften demokratischer machten, sind dabei, die demokratischen Institutionen und Normen zu untergraben.

Die angebliche Öffnung auf die Stimmen all der vergessenen Einzelnen mittels der sozialen Netzwerke hat die Sphäre der Öffentlichkeit nicht wirklich erweitert, sondern eher eine große Kakofonie ausgelöst. Denn allmählich löst die Leichtigkeit, mit der digitale Bilder und Texte verändert werden können, unser Vertrauen in die Fakten auf. Vor allem in den USA spürt man, wie auf diese Weise die gesellschaftlichen und kulturellen Fundamente der demokratischen Debatte und mit ihnen der demokratische Staat zu zerbrechen beginnen. Gleichzeitig werden global gesehen die Fundamente einer neuen Form von autoritärer Herrschaft sichtbar. Staaten entwickeln und benutzen nicht nur ihre eigenen Technologien zu Zwecken der Überwachung und der Propaganda, sondern verhelfen auch der Arbeit einheimischer und international tätiger Technologieunternehmen zum Durchbruch.

Um ein paar Beispiele zu nennen: Die Regierung Saudi-Arabiens verfolgt ihre Gegner mit Überwachungstechniken, die in Israel entwickelt und hergestellt wurden. Um jeden ihrer Bürger individuell umfassend unter Kontrolle zu halten, benutzt die Volksrepublik China Wechat, ein System, das in allen Lebenszusammenhängen – von der Bezahlung über Verabredungen bis hin zum Lesen von Nachrichten – verwendet wird. Und auch in den USA arbeiten Firmen wie Palantir Hand in Hand mit staatlichen Kräften – von lokalen Polizeieinrichtungen bis hin zur National Security Agency (NSA).

Kaum jemand hat damit gerechnet, dass sich die Dinge so entwickeln würden. Als Ende der 1940er Jahre die ersten digitalen Computer zur Verfügung standen, rechneten Wissenschaftler damit, dass es für die Bürger aufgrund ihrer Vernetzung durch diese Maschinen einfacher würde, ihre politischen Vertreter anzusprechen, während die Politiker ihnen besser zuhören könnten.

Doch heute wird der demokratische Staat gerade aufgrund vernetzter Informationssysteme mit spezifischen, besonders weit reichenden technologischen, wirtschaftlichen und geografischen Problemen konfrontiert.

Aus der Tatsache, dass digitale Medien letztlich nichts anderes sind als gespeicherte elektronische Signale, ergibt sich ein technologisches Problem. Im Gegensatz zu Papier oder Film lassen sich elektronisch gespeicherte Daten endlos kopieren, ohne dass das Original beeinträchtigt wird; sie lassen sich in kürzester Zeit auseinandernehmen, neu zusammensetzen und mit Lichtgeschwindigkeit um die Welt schicken. Das heißt: Fast jeder von uns kann seine Gedanken an jedem beliebigen Ort öffentlich machen – auch anonym, wenn er will. Jeder kann nach Belieben Propaganda und falsche Informationen verbreiten, und jeder User mag seinerseits seine Lektüren sofort wieder in Umlauf bringen. In irgendeiner abgelegenen Ecke des Internets können Lügen erzählt werden, die überzeugend klingen und binnen Minuten ins Zentrum der Mainstream-Medienwelt rücken – und umgekehrt. Den Staaten aber verbleiben kaum Möglichkeiten, solche Bewegungen aufzuhalten.

Für die Unternehmen der sozialen Netzwerke dagegen besteht kaum Anlass, diesen Prozess zu blockieren. Im Gegenteil: Ihre Geschäftsmodelle verstärken ja gerade polarisierende politische Äußerungen. Denn Firmen wie Facebook verdienen ihr Geld damit, dass sie Werbung und Daten verkaufen. Je mehr jemand ihre Plattformen nutzt, desto mehr Daten werden erzeugt. Dies bietet eine wirtschaftliche Motivation, die verschiedensten Arten emotional ansprechender Bilder und Aussagen zu befördern und in Umlauf zu bringen, solange sie nur Nutzer dazu animieren, wieder auf die entsprechende Plattform zu kommen.

Hochgradig emotional aufgeladene und sehr persönliche Unterhaltungen stellen nun das genaue Gegenteil jener rationalen öffentlichen Auseinandersetzungen dar, die lange als notwendige Grundlage der Demokratie angesehen wurden. Schleust man Lügen und manipulierte Videos in sie ein, die wie echt aussehen, und fügt die eine oder andere Verschwörungstheorie hinzu, entfaltet sich unvermeidlich eine verstärkte Dynamik. Solche Unterhaltungen schwappen mittlerweile problemlos über Ländergrenzen hinweg.

Kleine Gruppen von Neonazis in England zum Beispiel können online mit ihren schweizerischen oder amerikanischen Sympathisanten in Kontakt treten, und plötzlich sehen kleine Gruppen von Außenseitern wie globale soziale Bewegungen aus. Da diese Impulse in den Kanälen eines global agierenden Netzwerks verlaufen, verfügen Staaten, deren Macht durch Landesgrenzen beschränkt wird, nur noch über sehr beschränkte Möglichkeiten, sie zu kontrollieren oder gar zu unterbinden. Zugleich aber nutzen auch demokratische Staaten die neuen Technologien nach Kräften. Es ist so paradox wie tragisch: Dieselben Technologien, die das Potenzial haben, die freie Meinungsäußerung des Einzelnen zu befördern, können sie auch unterhöhlen. Denn sie lassen sich dazu benutzen, die gesamte Bevölkerung zu überwachen, Datensammlungen anzulegen, die ihr Verhalten kontrollieren, und Algorithmen zu entwickeln, die potenzielle Kritik durch Vorwegnahme neutralisieren.

Das chinesische Modell

Auf die Spitze treibt dieses Spiel die Volksrepublik China: Zwei Jahrzehnte lang hat die chinesische Regierung eine Kombination aus technologischen und regulatorischen Maßnahmen eingesetzt, um den Zugang ihrer Bürger zum globalen Internet einzuschränken und das Verhalten internationaler Firmen innerhalb von Chinas Grenzen einzuengen. Die dabei benutzte Technologie ist neu – aber nicht diese Form von Zensur. Denn immer schon haben Staaten Techniken der Zensur – wie auch Formen der Überwachung und der Propaganda – genutzt, um ihre Bevölkerung zu kontrollieren. Digitaltechnologien haben solche Möglichkeiten in all ihren Dimensionen dramatisch erweitert. Die drahtlosen Netzwerke, die den Massen erlauben, sich online zu unterhalten, helfen dem Staat, ihre Aktivitäten auf individueller Ebene mit außerordentlicher Genauigkeit zu verfolgen.

Denn jede Aktion eines Benutzers digitaler Instrumente erzeugt eine elektronische Spur. Und weil diese Spuren elektronischer Natur sind, benötigen sie wenig Speicherplatz. Die Lagerhallen voller Papierakten, wie sie typisch für die Überwachungspolitik der vordigitalen Staaten waren, können nun durch Festplatten in der Größe von Schuhschachteln ersetzt werden. So lassen sich die Daten unverzüglich zusammenführen, analysieren und erneut in Umlauf bringen. Durch Maschinenlernen und künstliche Intelligenz sind die Datensätze dann in der Lage, fast in Echtzeit vorherzusagen, wer gegen den Staat aktiv werden kann.

Dies ermutigt die chinesische Regierung, Meinungsäußerungen von Individuen im Netz zu erlauben und sogar zu provozieren. Die Bürger erleben dies als Freiheitsgewinn. Auf der anderen Seite gibt der Prozess dem Staat die Möglichkeit, aufkommenden Protest ausfindig zu machen und ihn im Keim zu ersticken, zunächst durch Löschen der Posts und dann durch Bestrafung der Autoren. Außerdem ermöglicht er es, viele Tausende von Nutzern dafür zu bezahlen, dass sie das chinesische Internet mit regierungsfreundlichen Posts überschwemmen und den Anschein erwecken, es handle sich um spontane demokratische Aktionen. Diese 50-Cent-Partei, wie man sie wegen der Bezahlung für eine positive Meinungsäußerung ironisch nennt, vergrößert laufend die Popularität des Staates und macht es immer schwerer, Einwände gegen ihn zu erheben.

Die wohl wirksamste Staatsstrategie der Digitaltechnologie liegt aber darin, unterschiedliche Arten von Daten miteinander zu verknüpfen. In der Provinz Xinjiang beispielsweise hat sich die Regierung darum bemüht, eine unruhige Minderheit zu bändigen. Dort hat sie ein umfangreiches geschlossenes System aus Videoüberwachung, kamerabewehrten Drohnen und GPS-Trackern eingerichtet, das die Bewegungen der einzelnen Bürger nachzeichnet.

Mit solcher Zusammenführung diverser Datenquellen und dem Einsatz von Techniken wie Gesichtserkennung, Fingerabdrucksensoren und DNA-Tests gelingt es, die regionale Bevölkerung mit einem neuen Grad individueller Genauigkeit zu überwachen und zu steuern. Sobald die Daten den Verdacht nähren, dass jemand aus der Reihe tanzt, wird die Polizei zum Ort des Geschehens beordert.

Glücklicherweise ist das chinesische System nicht vollkommen. Es wird ja immer noch von Menschen entwickelt und betrieben, die fehleranfällig sind, und es unterstützt ein komplexes staatliches Regime, das wie jedes andere Regime innere Konflikte durchmacht. Zugleich verfügt es jedoch über fast unbegrenzte Macht – und eröffnet uns deshalb den Blick auf eine drohende Zukunft der westlichen Demokratien.

Hochrechnung

Auch in westlichen demokratischen Staaten existiert bereits ein effizientes Überwachungsnetz. Denken wir bloß an die Daten, die Facebook von seinen Nutzern gesammelt hat, oder an jene, die sich Google an einem Tag voller Suchanfragen aneignet. Daraus erwächst ganz natürlich eine Versuchung für die Staaten: Sie könnten Unternehmen in Krisenzeiten unter Androhung von Verhaftung erpressen, ihre Daten oder Algorithmen herauszurücken. Oder sie könnten solche Firmen einfach durch entsprechende gesetzliche Regulierungen zur Kooperation zwingen. Je autoritärer ein Staat wird, desto mehr wächst sein Hunger nach Computertechnologie. Und im Gegenzug wachsen die Einkommenschancen der Unternehmen durch die Befriedigung digitaler Bedürfnisse.

Noch entspricht die Zusammenarbeit von Unternehmen mit dem Staat in den USA nicht dem in China erreichten Niveau staatlich kontrollierter Zentralisierung. Doch könnte es schnell dazu kommen. Dies wäre tatsächlich eine Ironie der jüngsten Geschichte: Die Bürger müssten mit dem Bewusstsein leben, dass ihr Wunsch, die Freiheit des Einzelnen voranzubringen, dazu beigetragen hat, eine neue Form zielgenauer staatlicher Macht zu etablieren.

Ende des Etatismus: Zeichen des Widerstands

René Scheu

Wenn der große unsichtbare Leviathan auf das kleine unsichtbare Ding trifft, kann dies nicht ohne Folgen bleiben. Das Virus hat die wohlfahrtsstaatlich verfassten Nationalstaatsgesellschaften an ihr Leistungs- und Kompetenzlimit gebracht, und das heißt: zur Kenntlichkeit entstellt. In der Pandemie erwies sich der Staat als schwach, wo er hätte stark sein sollen: in seinem Kernbereich, dem Schutz der Bevölkerung und dem Krisenmanagement. Und zugleich zeigte er dort seine ganze Stärke, wo er schwach sein sollte: in seinem Bestreben, in die Freiheit des bürgerlichen Lebens und privaten Wirtschaftens einzugreifen.

Anfang 2020 leugneten die Regierungen im Westen noch unisono die Gefahr des Virus, als sich in China bereits eine Epidemie abzuzeichnen begann. Auf die Phase der Leugnung folgten jene der Überkompensation und des Improvisierens: Bald herrschte ein Lockdown und bald wieder nicht, das mutierende Virus trieb die Regierungen vor sich her. Dieses Improvisationstheater von Lockdown und Lockerung hat sich im Westen verstetigt und zu einer Paradoxie geführt, mit der im Westen wohl ebenfalls kaum jemand gerechnet hatte: Dieselben Regierungen, deren Versagen im Krisenmanagement vor aller Augen zutage trat, dieselben Regierungen also, deren Vertrauenswürdigkeit täglich schwand, konnten zugleich auf den Gehorsam ihrer Bürger bzw. Untertanen vertrauen. Nur eine Minderheit wagte es, die Verhältnismäßigkeit, Wirksamkeit oder evidenzbasierte Vernünftigkeit der drastischen Maßnahmen infrage zu stellen.

Ein verstorbener Denker der Gegenwart

Woher kommt dieser Gehorsam, diese Passivität, diese Akzeptanz der gesamtgesellschaftlichen Ausnahmesituation als gleichsam naturgegebenes Schicksal? Natürlich spielten wenigstens am Anfang auch existentielle Angstzustände eine Rolle, die zu einer Lähmung des menschlichen Denk- und Handlungsapparats führten. Doch auch nachdem die erste Angst vorüber war, hielt die Duldsamkeit an. Dabei handelt es sich um eine mentale Prägung, die auf einer historischen Konditionierung beruht, einem Mix aus anhaltender Gewöhnung, partieller Einsicht und Bequemlichkeit: Es gibt da einen anonymen Dritten, einen Allproblemlöser, der es besser weiß als ich, der mir die Entscheidung und also auch die Verantwortung abnimmt und zuletzt dafür bürgt, dass mein Leben seine Ordnung hat und behält. Alltagspraktisch zeigt sich diese Prägung im Gefühl, man lebe immer auch für einen anderen, der im Gegenzug für einen sorge, mithin in allen menschlichen Inter- und Transaktionen anwesend sei, ohne selbst jemals sichtbar zu werden.

Georg Wilhelm Friedrich Hegel (1770–1831), der große Staatsdenker, nennt diese Disposition das »Zutrauen«, das die Menschen haben, »dass der Staat bestehen müsse und in ihm nur das besondere Interesse könne zustande kommen, worauf unsere ganze Existenz beruht«. Menschen haben demnach im Gegensatz zu allen anderen Tieren einen speziellen Sinn für den unsichtbaren, allgegenwärtigen Dritten, sie haben in Hegels Worten: »eine Gesinnung«. Hegel spricht sogar von »Patriotismus«, mit dem er gerade nicht die »Aufgelegtheit zu außerordentlichen Aufopferungen und Handlungen« meint, sondern das Bewusstsein, das »in dem gewöhnlichen Zustande und Lebensverhältnisse das Gemeinwesen für die substantielle Grundlage und Zweck zu wissen gewohnt ist«. Statt Patriotismus würden wir heute von Etatismus reden. Halten wir hier also fest: Dieser Etatismus moderner Staatsbürger ist nicht in erster Linie ein ökonomisches oder politisches, sondern vielmehr ein anthropologisches Phänomen: Er ist in der Moderne zur »andern Natur« (Hegel) des Menschen geworden.

Niemand beschrieb die hohe Zeit des Etatismus im 20. Jahrhundert so früh und so treffend wie der Hegel-Exeget Alexandre Kojève (1902–1968). Der russische Emigrant und spätere OECD-Funktionär hielt in den 1930er Jahren Hegel-Vorlesungen an der École pratique des hautes études und verkündete bei dieser Gelegenheit seine These vom Ende des Menschen, des Staates und der Geschichte. Der Grundgedanke ist folgender: Der negierende, also der schuftende und hadernde Mensch, wie wir ihn kennen, verschwindet, weil er sich im modernen sittlichen Staat verwirklicht. Und der Staat, der zum neuen umfassenden Habitat des Menschen, zu seiner zweiten Natur, wird, breitet sich immer weiter aus, bis er den Erdball umspannt. Mensch-Sein heißt Im-Staate-Sein. Der Mensch: das etatistische Tier; der Etatist: der Inbegriff des Menschen.

Zu einem »universellen und homogenen Staat« strebt die ganze politische Ordnung der Welt hin. In ihm ist die Dialektik von Herr und Knecht, von Unterdrückern und

Unterdrückten, aufgehoben, die Menschen erkennen sich wechselseitig an und leben als gleichberechtigte Citoyens und zufriedene Konsumenten ein anständiges Leben. Kojève spricht in einer legendären, später hinzugefügten Fußnote seiner Vorlesungen von den Menschen als den »posthistorischen Tieren der Spezies Homo sapiens«, »die im Überfluss und in voller Sicherheit leben werden«, und zwar in einem Heute, das kein Gestern und kein Morgen kennt.

Dabei erkennt Kojève zwei Modelle der posthistorischen Existenz, die bereits in der Nachkriegswelt existieren und in einem Konkurrenzverhältnis stehen: Das sind zum einen das formvollendete japanische Modell, das auf eine Ästhetisierung der eigenen Existenz setzt, sowie zum anderen der American Way of Life, der eher zu einer konsumgetriebenen Animalisierung des gesellschaftlichen Lebens tendiert. Beiden gemeinsam ist die Gewissheit, dass die bestehende, sozial abgesicherte, rational organisierte und bürokratische Gesellschaft sich verstetigt. Die Vergangenheit kommt nur noch als eine Art Requisitensammlung für eigene Lebensentwürfe in den Blick, während die Zukunft sich als eine noch bessere Fortschreibung der Gegenwart darstellt. Das frühere Andere und das künftige Neue sind undenkbar geworden – und wir befinden uns in jener Situation, die Hans Ulrich Gumbrecht einmal als »breite Gegenwart« charakterisiert hat.

Wer das Gefühl der breiten bzw. ewigen Gegenwart verinnerlicht hat, lebt im Schlummer der Geschichtslosigkeit und entwickelt eigene mentale Charakteristiken, die wir bestens kennen. Das »posthistorische Tier« hält sich beispielsweise an ein Axiom, das sich auf alle Lebensbereiche erstreckt: Was man hat, das hat man auf sicher. Es denkt in Kategorien von Recht und Anspruch und fürchtet Risiken aller Art, die es im Übrigen durch Versicherungen aus der Welt schaffen zu können glaubt.

Den komfortablen, abgesicherten Status quo misst das »posthistorische Tier« stets an einem vorgestellten Idealzustand: Das führt gesellschaftlich gesehen zu jenen Paradoxen, die uns allen bis zum Überdruss bekannt sind: je egalitärer die Gesellschaft, desto größer ist die Ungleichheitsobsession; je größer der objektive Wohlstand, desto geringer das subjektive Wohlbefinden. Dazu gesellt sich ein nicht minder paradoxer medialer Diskurs im Wohlfahrts- und Wohlfühlstaat, den niemand mit größerer Präzision und feinerer Ironie beschrieben hat als Peter Sloterdijk: Eine neue Industrie von »Mangelanwälten« erfindet »Mangeloptiken«, um die eigene Situation einer Gesellschaft im Überfluss in eine solche der Armut und der Not umzudeuten. Die Bürger ihrerseits fordern immer noch mehr vom Staat, je mehr er ihnen gewährt und gibt – ein klassisches kindliches Verhalten. Sloterdijk spricht deshalb – in Abgrenzung von der gewohnten Rede von »Vater Staat« – vom »quasitotalen Allomutterstaat des 20. Jahrhunderts«. Zahlreiche gesellschaftliche Pseudodebatten fanden und finden vor diesem Hintergrund statt.

In der Wirtschaft hat der Glaube an eine ewige Gegenwart Optimierungs- und Effizienzdelirien begünstigt. Wertschöpfungsketten wurden immer länger, Subunternehmer wurden involviert, Lagerbestände und Rücklagen abgebaut. Dadurch sanken die Herstellungskosten, doch wurden Unternehmen – und ganze Branchen – zugleich immer zerbrechlicher und fragiler. Denn schon eine kleine Verzögerung in der Produktion kann den ganzen Prozess zum Erliegen bringen.

In der Ordnung des Politischen hat die posthistorische Welt einen Staat entstehen lassen, der sich als Moral- und Gerechtigkeitsinstanz gebärdet. Sein Neutralitätsgebot hat er längst abgelegt, er propagiert durch ständig neue Gebote und Verbote einen ökologisch-sozialverantwortlich-korrekten idealen Lebenswandel, während er sich um seine Kernaufgabe, den Schutz von Freiheit, Leben und Eigentum, immer weniger kümmert. Die Rhetorik der Nachhaltigkeit kontrastiert dabei eigenartig mit der staatlichen Praxis der exzessiven Verschuldung: Die Geborenen leben großzügig auf Kosten der Ungeborenen.

Auf intellektuellem Gebiet hat sich eine Kultur des Verbalradikalismus und der Hyperkritik entwickelt, frei nach dem Motto: Wer in der Komfortzone sitzt, ergötzt sich besonders daran, ausgeklügelte Todes- und Untergangsphantasien zu pflegen. Geradezu inflationär hat man das Ende des Kapitalismus, das Ende der Demokratie, den Untergang des Westens beschworen. Diese fröhlichen Endzeitphantasmen rechnen mit allem, nur mit einem nicht: dass sie zur Realität werden könnten.

Doch 2020 ist Kojèves Traum geplatzt, wir haben tatsächlich das Ende vom Ende der Geschichte erlebt. Dieses Ende wurde zwar schon einige Male verkündet, aber mit Corona hat es nun wirklich stattgefunden. Denn anders als 9/11 oder die Krise der EU führt uns die Pandemie vor Augen, wie fragil, fehleranfällig und flatterhaft alle unsere modernen Institutionen tatsächlich sind.

Das Ende vom Ende geht mit zwei gegenläufigen Entwicklungen einher, deren Konsequenzen zum heutigen Zeitpunkt noch kaum absehbar sind. Erstens hat sich der Einflussbereich des Staates akzentuiert: Er hat sich in für Friedenszeiten ungekanntem Ausmaß in das Verhalten und Wirtschaften seiner Bürger eingemischt. Die Sozialisierung und Kollektivierung des Lebens schreitet voran. Zugleich schwindet jedoch das, was Hegel das »Zutrauen« in den Staat genannt hat, der mentale Reflex des Etatismus, der Glaube daran, dass der unsichtbare Dritte am Ende für uns sorgen und bürgen wird. Denn in der Pandemie haben alle gemerkt, dass sich die Macht des Staates nicht an seiner Rhetorik der Stärke, sondern am Maß der Eigeninitiative der Bürger bemisst. Die staatliche Handlungsfähigkeit zehrt vom Etatismus, den er selbst nicht herstellen, wohl aber zerstören kann. Die paradoxe Entwicklung, entsprechend der die Staatsquote wächst, während der Etatismus zugleich schwindet, birgt viel künftiges Konfliktpotential. Nominelle staatliche Allmacht, die mit reeller staatlicher Ohnmacht einhergeht, macht das Hauptmerkmal gescheiterter Staaten aus.

Die etatistische Moderne hat komplexe Systeme hervorgebracht und zugleich alles darangesetzt, sie top-down durch geeignete politische Maßnahmen und Interventionen zu zähmen. Die Unruhe zu besänftigen. Die Volatilitäten zu glätten. Die Stressoren zu dämpfen. Sie hat viel Sorglosigkeit geschaffen, doch der Preis dafür ist hoch: mehr Fragilität, die freilich die längste Zeit unsichtbar bleibt und in hoher Konzentration plötzlich in eine Krise oder gar einen Krieg umschlagen kann. Die Planer und Prognostiker an den Schalthebeln der Macht haben bloß die gewünschten Hauptwirkungen im Blick, die niemals eintreten ohne die unerwünschten Nebenwirkungen, die in komplexen menschengemachten Systemen irgendwann überhandnehmen.

Es spielt hier eine Dialektik, die jener Hegels und Kojèves geradezu entgegengesetzt ist: Je mehr wir unsere menschengemachte Ordnung zwanghaft zu beherrschen versuchen, desto unbeherrschbarer wird sie. Je ruhiger sie scheint, desto größer ist die Unruhe im Hintergrund. Das heißt: je mehr wir sie in der Gegenwart zu verstehen glauben, desto unverständlicher wird sie sich eines Tages erweisen. Zugleich bewegen wir uns in Richtung einer Welt, in der höchst seltene, unwahrscheinliche Extremereignisse (plötzlich werden vorher nie gesehene ›schwarze Schwäne‹ entdeckt) wie Stromausfälle, Börsencrashs, Revolutionen, Inflationen oder Staatspleiten sich gleichsam zusammenbrauen, ohne dass jemand mit der Wimper zuckt.

Doch wie könnte eine mentale Disposition aussehen, die wieder mit der Geschichte rechnet? Nicht alle Risiken lassen sich versichern. Aus diesem Grunde sorgt der Kluge immer auch selbst für sich vor, bildet Rückstellungen und diversifiziert. Er transferiert das Risiko nicht an den großen unsichtbaren Dritten, sondern trägt selbst mit Freude, was er tragen kann, privatisiert das Risiko, sozialisiert die Vorsicht. Er fordert nicht immer noch mehr, sondern schätzt, was er hat, weil er weiß, dass er es jederzeit verlieren kann. Er hält seine Wohnung sauber und kehrt erst einmal vor der eigenen Haustür. Er zieht das Einfache dem Komplexen vor. Er liebt die Intensität und meidet alles Monotone. Er hält sich fit. Er misstraut sich selbst. Noch mehr misstraut er jedoch allen Heilsversprechungen und Untergangsprophetien.

Für den Staat seinerseits ist es höchste Zeit, seine offenkundige Dysfunktionalität zu überwinden, indem er sich auf seine Kernaufgaben besinnt: mehr Rechtsstaat, weniger Erziehungsstaat, mehr privat, weniger Politik. Mehr *bottum-up*, weniger *top-down*. Mehr Föderalismus, der es den Systemen erlaubt, voneinander zu lernen, statt obrigkeitlicher Zentralismus. Mehr Redundanz, weniger Effizienz, mehr Trial-and-Error, weniger obrigkeitliche Planung. Mehr Entnetzung statt Vernetzung. Mehr bewährte Moral, weniger neue Gesetze. Mehr Eigeninitiative, weniger Vergesellschaftung. Mehr Staatenbund und weniger Bundesstaat. Mehr Wettbewerb unter Staatsmodellen statt Staatskartelle, wie wir sie heute auf der ganzen Welt sehen.

Abdanken des Staats: Unternehmerische Überlebensformen

Sam Ginn

Der Staat, wie wir ihn kannten, ist ein Ding der Vergangenheit. Fragt man heute hochmotivierte Studenten rund um den Planeten, was sie denn werden möchten, dann sagen sie nicht mehr »Präsident« oder »Abgeordneter«, sondern eher »Musk« oder »Startup-Gründer«. Ihre Tagträume beschwören keine Siege auf dem Schlachtfeld oder große politische Reden mehr herauf, sondern Werbekampagnen für brillante neue Produkte oder für Unternehmungen im Weltraum. Innovation hat Bürgerpflicht als Ideal des Lebens abgelöst. Und diese neue Situation hat zuletzt nur an Konturen gewonnen.

Aus dieser Perspektive wird eine grundlegende Krise des derzeit gängigen Modells vom Staat deutlich. Junge Köpfe halten die klassische Auffassung eines übergeordneten Staats für bestenfalls veraltet und schlimmstenfalls für gefährlich. Denn zumeist steht ihnen ›der Staat‹ im Weg oder behindert sie in ihren Projekten, statt sie zu fördern. Die Bereitschaft, »für sein Land zu kämpfen«, die einst Bürgerpflicht war, gilt heute als nationalistische Wahnvorstellung. Grenzen sind keine notwendigen Schutzwälle mehr, sondern als funktionslose Relikte verschrien. Eine Hymne zu singen oder eine Fahne zu schwenken: Das weckt eher Peinlichkeit als Stolz. Staatliche Anweisungen zur Einhaltung sozialer Distanz weisen Jugendliche mit ausgelassenen Festen auf frühlingswarmen Stränden zurück. Bald wird das Stichwort ›Patriotismus‹ in die Handbücher der Psychiatrie eingegangen sein.

Als Startup-Unternehmer im Silicon Valley muss ich mich direkt mit dieser Verschiebung der Prioritäten auseinandersetzen. Man vergisst dort leicht, dass es unsere Regierung war, welche die Verwandlung von ehemaligen Aprikosenfeldern in die jetzt dominierenden Monster-Strukturen mit ihrem Silizium-Atem auslöste. Investitionen der Regierung schoben die ersten Halbleiter-Firmen an. Die zuständige Abteilung des amerikanischen Verteidigungsministeriums erfand das Internet und finanzierte jene Grundlagenforschung, aus der fast alle mit dem Silicon Valley assoziierten Technologien, vom iPhone bis zum selbstfahrenden Auto, hervorgegangen sind. Auch in Siri und andere auf künstlicher Intelligenz beruhende Sprachübersetzungsprogramme investierte zuerst das Pentagon. Die Algorithmen, aus denen Google hervorging, entstanden in einem von der National Science Foundation geförderten Projekt. Mehr als irgendeine andere Institution stand also der (amerikanische) Staat – und hier vor allem sein militärischer Sektor – hinter dem Wachstum des Silicon Valley und all seiner heute berühmten, unvorstellbar finanzstarken Unternehmen.

Doch inzwischen hat der Staat seine Kontrolle über die Industrie verloren, der er einst auf die Beine half. Als bekannt wurde, dass Google einen Vertrag mit dem Verteidigungsministerium abgeschlossen hatte, um die Lenkung von Drohnen und ihre Analyse zu verbessern, protestierten Tausende von Google-Mitarbeitern. Sie drohten, die Firma zu verlassen, wenn sie ihre Unterstützung des amerikanischen Militärs nicht einstelle. So ist es schwer geworden, sich vorzustellen, dass es die Vorgänger dieser kalifornischen Angestellten einst als ihre patriotische Pflicht ansahen, bessere Waffen für die Regierung zu bauen. Ich für meinen Teil würde jedenfalls nicht das Risiko eingehen, Mitarbeitern eine Zusammenarbeit mit dem Militär vorzuschlagen. Wenn überhaupt, ist das Silicon Valley beschämt über die Patenschaft des Staats aus seinen Jugendjahren. Anders gesagt: Der Staat ist für sein eigenes Kind zu einem Gräuel geworden.

Die neue Sinndimension heißt Innovation

Heute wird unsere Industrie von einer Begierde nach technologischer Innovation um jeden Preis getrieben. Ein sprichwörtlich gewordener Ratschlag legt jungen Startups nahe, »sich schnell zu bewegen und Vorgaben zu brechen«. Zu diesen Vorgaben gehören auch Gesetze, wie man an den berühmt gewordenen Fällen von Airbnb und Uber als Paradogmen global erfolgreicher Startups sieht, die ihren Aufstieg der Tatsache verdanken, notorisch Regulierungen zu umgehen. Wenn man die Vertreter solcher Unternehmen nach ihren Zukunftsvorstellungen fragt, dann sprechen sie bestimmt nicht über die amerikanische Außenpolitik in 50 Jahren, sondern über fliegende Autos oder über Wohnsiedlungen auf dem Mars. Menschlicher Fortschritt wird weniger an politischer Philosophie oder dem Ausgang von Kriegen als an technologischen Durchbrüchen gemessen. So wie der moderne Staat einst aus seiner Verdrängung der Kirche als Sinnstifterin im Leben der Menschen hervorging, ist er nun selbst durch Naturwissenschaft und Technologie ersetzt worden. Dabei dient Technologie als Energiezentrum im existenziellen Sinn.

Dieser Eindruck von einer neuen Zeit, die begonnen hat, ist aber nur Teil eines ansteckenden Gefühls, das sich überall unter jungen Menschen ausbreitet: Auf den Staat kommt es kaum mehr an. Sieht man einmal von seiner Verantwortung für das Rechtssystem und von der Außenpolitik ab, dann verbleiben aus der Vergangenheit des Staats eigentlich nur veraltete, in ihrer Ausrichtung oft ineffiziente, ja korrupte Institutionen. Nicht trans-nationale Organisationen wie die UNO oder ein globaler Krieg werden dem Staat ein Ende setzen, sondern sein Versinken in der eigenen Bedeutungslosigkeit. Wer erwartet heute noch positive Impulse von ihm? Immer mehr Bürger wenden sich aus Enttäuschung oder Gleichgültigkeit vom Staat ab.

Verbleibende Erwartungen?

Natürlich löst die fortschreitende Ersetzung des Staats durch Technologie nicht nur freudige Zustimmung aus. Manche Zeitgenossen haben den Eindruck, dass ihnen früher vom Staat garantierte Rechte genommen werden. Und in der Tat vergisst der blinde Glaube des Silicon Valley an Durchbrüche jene Menschen, deren Rechte und Ansprüche gebrochen werden. Viele reden in der gegenwärtigen Situation einer Rückkehr zum starken Staat das Wort, um gegen den Aufstieg einer Welt der Hightech-Milliardärs Widerstand zu leisten, den sie erleben. Dabei orientieren sie sich an einem politischen Spektrum zwischen Neo-Nationalismus und Sozialismus – solange sie nur hoffen können, dass die von ihnen unterstützten Positionen ihren Weg in die eigene Irrelevanz aufhalten.

Selbst im Jahr des Ausbruchs der Pandemie ist der Umsatz von Amazon, Zoom und anderen technologischen Firmen in die Höhe geschnellt, während der Rest der Wirtschaft stagnierte und viele Angestellte sich fragen, wie sie langfristig überleben sollen. Das Silicon Valley hat für diese Leute keine andere Antwort, als ihre Betreuung wie schon früher dem Staat zuzuschieben. Dieselben Firmen und ihre Vertreter, die dem Staat wie seinen Apparaten aus dem Weg gehen, rechnen mit dem Staat als Agentur für die Versorgung jener Millionen von Arbeitskräften, die sie entlassen. Gänzlich freie Märkte und die Abschaffung aller Regulierungen werden im selben Atemzug wie allgemeine Krankenversicherung und allgemeines Mindesteinkommen als Projekte der Zukunft propagiert.

Diesen Spagat zwischen minimaler Marktregulierung und einem hohen Niveau von Umverteilung gibt es nur am politischen Horizont von Silicon Valley. Eine solche Einstellung ist keineswegs zynisch, sondern das unvermeidliche Ergebnis einer Welt, die Innovation zu ihrem einen Gott gemacht hat. Der Staat muss es also schaffen, dem neuen Gott zu dienen, wenn er seinen eigenen Untergang vermeiden will. Dazu braucht er einen veränderten Auftrag, der über das bloße Motiv der Selbstausdehnung hinausgeht: Es muss jetzt um die Auslösung, die Förderung und die Maximierung von Innovationen und Erfindungen unter den Bürgern gehen.

Der Staat sollte deshalb als öffentlicher Risikokapitalist Summen in Forschungsprojekte investieren, wie sie sich private Unternehmen nicht leisten können. Dafür bräuchte er ein unternehmerisches und nicht ein politisches Selbstverständnis. Statt an der Erhaltung klassischer Staatsinteressen zu arbeiten, sollte er die Bürger motivieren, die Welt nach vorne zu bringen. Gesundheit, Wissenschaft, Technologie und Erziehung müssen die Hauptdimensionen werden, indem sich, zukünftiger Projekte wegen, der Staat an erster Stelle um die Forschung – und um die sie ermöglichende Infrastruktur – kümmern muss. Statt sich mit Hilfspaketen von bis vor kurzem undenkbarem Umfang dem freien Fall der Wirtschaft entgegenzustemmen, sollte der Staat seine Milliarden in zielgerichtete Forschung zur raschen Entwicklung wirksamer Therapien investieren.

Zu Ende gehen muss auch jene nationale Rhetorik, die von »amerikanischen Interessen« oder der »russischen Welt« redet. Das Virus hat deutlich gemacht, wie schnell sich ungelöste Probleme global ausbreiten können. Auch deshalb werden – zum ersten Mal in der Geschichte – wirklich die einzelnen Menschen regieren. Der Staat wird da sein, um ihnen zu dienen und sicherzustellen, dass jeder Bürger die größtmögliche Chance hat, bei der nächsten bedeutenden Erfindung oder Entdeckung dabei zu sein. Zugleich muss er einige seiner früher ausschließlichen Machtfunktionen an die Bevölkerung abtreten, weil sie in ihrem Unternehmergeist besser qualifiziert ist, der globalen Gesellschaft weiterzuhelfen.

Der Staat: Ein Mittel für die Zwecke seiner Bürger

In einer solchen neuen Welt wird es den besten Staaten offenstehen, miteinander in einen Wettbewerb um die besten Bürger und Firmen einzutreten. Wenn andererseits Bürger und Firmen einen anderen Staat als den eigenen im

Blick auf ihr Leben und ihre Pläne für passender halten, dann müssen sie die Freiheit zum Austritt und Neu-Eintritt haben. Sollte es manchen Staaten gelingen, besonders günstige Steuerbedingungen mit besseren Dienstleistungen zu verbinden, dann werden sie sich weiterentwickeln, während dysfunktionale Staaten entsprechend verfallen. Staaten werden also unter freien Marktbedingungen zum Wettbewerb miteinander gezwungen, und die innovativsten von ihnen gewinnen. Dies erweist sich heute als eine durchaus produktive Situation in den Vereinigten Staaten, wo die Durchlässigkeit des Systems von Bundesstaaten Migrationsbewegungen aus wenig beliebten Staaten wie New York oder Illinois hin zu beliebten Staaten wie Florida oder Texas auslöst.

Sollte endlich die längst überflüssige Institution der Grenzen verschwunden sein, werden nationale Staaten zum ersten Mal wirklich verpflichtet sein, in einen Wettlauf des Sich-Anpassens und Sich-Entwickelns einzutreten. Staaten freilich werden sie nur noch ihrem Namen nach sein, wenn sie von einer alles übergreifenden Institution zu Körperschaften geworden sind, die nach wirtschaftlichen Kriterien um Bürger werben. So lassen wir Präsident John F. Kennedys früher berühmten und mittlerweile absurd gewordenen Sinnspruch in der Vergangenheit hinter uns, nach dem »wir nicht fragen sollen, was unser Land für uns, sondern was wir für unser Land tun können«: In der Zukunft hat der Staat für die Bürger da zu sein – und nicht die Bürger für den Staat.

Genau darin vollzieht sich die grundlegende Transformation der neuzeitlichen Auffassung vom Staat: Er stellt keine unabhängige Größe mehr dar, der man dient, sondern eines unter mehreren Instrumenten, derer sich die Bürger bedienen können. Der Staat muss aus einem in sich autonomen Ziel zu einem notwendigen, weil wirkungsvollen Mittel der Innovation werden. Eben in diesem Übergang werden die Silicon-Staaten ihren Auftrag erfüllen, Werkzeuge für die Bevölkerung zu werden. Durchsetzen wird sich langfristig nicht die Ansteckung durch das Virus, sondern die ansteckende Einsicht, dass die klassischen Staatsapparate nicht mehr ausreichen. Die Zukunft ist aus Silizium.

Die Staatsalternative: Freie Privatstädte

Titus Gebel

Eines wird sich nach dem Ende der Coronakrise garantiert geändert haben: die Menge der im Homeoffice Tätigen. Deren Zahl wird aller Voraussicht nach höher sein als je zuvor und auch so bleiben. In der Not haben die Unternehmen herausgefunden, dass viele Arbeiten tatsächlich aus der Ferne erledigt werden können. Dadurch sparen alle Beteiligten (also sowohl Arbeitgeber als auch Arbeitnehmer) Zeit und Geld. Vorausgesetzt, dass wir inzwischen praktisch an jedem Ort der Welt arbeiten können: Warum sollten wir dann nicht auch den Wohnort wählen, der am besten zu unseren persönlichen Vorlieben passt? Wenn es nicht mehr notwendig ist, dorthin zu ziehen, wo die Arbeitsplätze sind, dann könnten wir in die Systeme ziehen, die uns am besten behandeln.

Stellen Sie sich vor, Sie leben in einem Staat, der Sie stark besteuert und dabei ständig die Regeln ändert, ohne dass Sie auch nur das geringste Mitspracherecht haben, wofür die Steuern verwendet werden. Stattdessen bekommen spezielle Interessengruppen ihren Willen. Nehmen wir außerdem an, dieser Staat bevormundet Sie, indem er Ihnen vorschreibt, wie Sie zu sprechen haben, mit wem Sie Verträge abschließen und in welche Anlageobjekte Sie investieren dürfen. Kommt Ihnen das bekannt vor? Das mag Ihnen nicht gefallen, und Sie sind damit nicht allein. Laut Umfragen sind 80 % der Bürger westlicher Staaten unzufrieden damit, wie sie regiert werden – und das völlig unabhängig davon, welche Seite gerade an der Macht ist.

Angenommen, dass nun eine bessere Option bestehen würde und Sie nicht mehr an den Ort gebunden wären, an dem sich Ihr Arbeitsplatz befindet: Sie könnten dorthin gehen, wo Vertragstreue herrscht. Natürlich gibt es für eine solche Entscheidung noch andere Kriterien, wie kultureller Hintergrund, Abstammung, Sprache, Religion, Klima und Schönheit der Landschaft. Letzten Endes werden aber viele Menschen Orte bevorzugen, an denen sie gut behandelt werden. Ausgerechnet ein Monarch hat dies erkannt, nämlich Fürst Hans-Adam II. von Liechtenstein. In seinem Buch *Der Staat im dritten Jahrtausend* stellt er fest, dass sich der Staat, um zu überleben, vom Halbgott zum Dienstleister wandeln muss.

Staat als Dienstleistung

Tatsächlich ist es so. Denn eigentlich erbringt der Staat eine Dienstleistung wie jede andere Institution auch. Sie erwarten etwas von ihm, vor allem den Schutz von Leben, Freiheit und Eigentum, und sind bereit, im Gegenzug dafür zu bezahlen und sich an die Regeln zu halten. Sie sind nicht zufrieden, wenn Leistungen nicht gut erbracht werden oder wenn der Dienstleister sich um allerlei andere Dinge kümmert, die Sie nicht bestellt haben, und dann auch noch erwartet, dass Sie dafür bezahlen und nicht aufmucken.

Gehen wir einmal davon aus, dass Sie ein neues Auto kaufen möchten. Der Autoverkäufer besteht aber darauf, dass er und nicht Sie das Modell, die Farbe, die Motorisierung und die Innenausstattung auswählt. Er allein entscheidet auch, welchen Preis Sie dafür bezahlen müssen.

Und Sie *müssen* kaufen. Nicht wirklich ein attraktives Geschäft, oder? Aber genau das beschreibt Ihr Verhältnis zum Staatsdienstleister, in dessen Geltungsbereich Sie leben.

Zugegeben, in der realen Welt haben Sie mehrere Autoverkäufer zur Auswahl, nämlich fast 200 Staaten. Leider sind sie jedoch im Grunde alle vom gleichen Typ, da sie sämtliche genannten Entscheidungen für Sie treffen. Und selbst Systeme, die heute gut aussehen, haben die Macht, über Nacht alle Regeln zu Ihrem Nachteil zu ändern, sei es durch einen Herrscher, eine Regierung oder ein Parlament. Ihre Zustimmung ist dazu nicht erforderlich.

Stellen Sie sich im Gegensatz dazu ein System vor, in dem Ihnen ein privates Unternehmen als Staatsdienstleister Schutz von Leben, Freiheit und Eigentum bietet. Diese Leistung umfasst innere und äußere Sicherheit, einen Rechts- und Ordnungsrahmen sowie eine unabhängige Streitschlichtung. Sie zahlen einen vertraglich fixierten Betrag für diese Leistungen pro Jahr. Um alles andere kümmern Sie sich selbst, können aber auch machen, was Sie wollen, und werden begrenzt nur durch die Rechte der anderen und die vereinbarten Regeln des Zusammenlebens. Die Teilnahme ist ausschließlich freiwillig und kann jederzeit beendet werden.

Der Staatsdienstleister als Betreiber des Gemeinwesens kann den Bürgervertrag mit Ihnen später nicht einseitig ändern. Streitigkeiten zwischen Ihnen und dem Staatsdienstleister werden vor unabhängigen Schiedsgerichten verhandelt, wie dies im internationalen Handelsrecht üblich ist. Ignoriert der Betreiber die Schiedssprüche oder missbraucht er seine Macht auf andere Weise, wandern seine Kunden ab, und er geht in die Insolvenz. Er trägt also ein eigenes wirtschaftliches Risiko und hat daher einen Anreiz, seine Kunden gut und vertragsgemäß zu behandeln. Dieses Modell nennt sich ›Freie Privatstadt‹.

Zur Etablierung einer Freien Privatstadt bedarf es einer vertraglichen Vereinbarung mit einem bestehenden Staat. In diesem Vertrag räumt der Gastgeberstaat der Betreibergesellschaft das Recht ein, auf einem abgegrenzten Territorium die Freie Privatstadt gemäß den vereinbarten Bedingungen zu errichten. Doch warum sollten bestehende Staaten sich auf so etwas einlassen? Wie bei allen Tauschgeschäften gibt es nur einen einzigen Grund: eigene Interessen. Staaten können damit einverstanden sein, für ein bestimmtes Gebiet dann einen Teil ihrer Befugnisse abzugeben, wenn sie sich Vorteile davon versprechen. Das ist möglich: Die Errichtung von Freien Privatstädten in strukturschwachem Gebiet erhöht nicht nur die Attraktivität der umliegenden Region, sondern schafft dort auch Arbeitsplätze und Investitionen, und das kommt letztlich wieder dem Gastgeberstaat zugute.

Das unlösbare Problem der Politik

Thomas Hobbes (1588–1679) hat in seinem epochemachenden Werk *Leviathan* erkannt, dass ein staatliches Gewaltmonopol den Naturzustand des Kampfes aller gegen alle beendet und eine friedliche Ordnung schafft, von der letztlich alle Bewohner profitieren. Leider verkehrt sich dieser Vorteil in sein Gegenteil, wenn der Staat sein Gewaltmonopol für Ziele einsetzt, die über den Schutz des Friedens, an dem tatsächlich alle interessiert sind, hinausgehen, nämlich dann, wenn der Staat beginnt, Politik zu machen und der Allgemeinheit politische Ziele oktroyiert, die in Wahrheit immer nur die Ziele einer bestimmten Gruppe sind.

Solche Politik bedeutet letztlich, die eigene Weltsicht allen anderen aufzuzwingen. Doch sind die Menschen verschieden. Was für den einen Menschen richtig ist, kann für den anderen falsch sein. Subjektiv unterschiedliche Werte und objektiv unterschiedliche Lebenssituationen führen dazu, dass jede politische Lösung Menschen zurücklässt, die gegen ihren Willen zu etwas gezwungen worden sind. Derart Politik zu machen bedeutet, Partei zu ergreifen und die Wünsche der einen zum Maßstab für alle zu machen, notfalls mit Gewalt.

In solchen Systemen, und in solchen leben wir, sind die Opfer der Parteipolitik noch wehrloser, als sie es in Hobbes' fiktivem Naturzustand wären. Das staatliche Gewaltmonopol richtet sich nun gegen sie, und sie müssen dulden, dass ihnen zum Beispiel große Teile ihres Einkommens und Vermögens weggenommen und umverteilt werden, ohne dass sie sich dagegen wehren können. Wird das staatliche Gewaltmonopol jedoch zu einem Instrument politisch motivierter Parteilichkeit, dann verliert das ursprüngliche Konzept seine Wirkung, und hinter der Fassade des friedlichen Staates entsteht ein immerwährender – diesmal politischer – Kampf rivalisierender Gruppen. Politik wird so zu einem unsichtbaren Bürgerkrieg, dessen Unauffälligkeit sich daraus ergibt, dass die Opfer staatlicher Eingriffe keine realistische Chance darauf haben, sich zur Wehr zu setzen. Der erreichte Frieden ist illusorisch und beruht auf der effektiven Unterdrückung divergierender

Interessen. Darin besteht der wahre Grund für die oben beschriebene 80-prozentige Unzufriedenheit der Bürger.

Es ist daher kontraproduktiv, dem Staat eine Macht zu geben, die über die Gewährleistung der inneren und äußeren Sicherheit hinausgeht. Denn ist der Frieden erst einmal hergestellt, besteht die einzige legitime Aufgabe des Staates darin, dafür zu sorgen, dass die Bewohner ihren Willen nicht anderen aufzwingen. Und nur zur Durchsetzung dieses Prinzips darf der Staat selbst Gewalt anwenden.

In einer Freien Privatstadt ist dementsprechend jeder *Souverän seiner selbst*, der durch freiwillige Vereinbarung einen echten Vertrag, den Bürgervertrag, mit einem mehr oder weniger gewöhnlichen Dienstleister geschlossen hat. Beide Parteien haben die gleichen formalen Rechte und sind daher gleichgestellt. Die Beziehung Regierung-Untertan wird durch das Verhältnis Kunde-Dienstleister ersetzt. Anders als in konventionellen Systemen, in denen der Bürger dazu verpflichtet ist, Steuern zu zahlen, ohne ein Recht auf bestimmte Leistungen zu haben, stehen in einer Freien Privatstadt Leistung und Gegenleistung in einem direkten Zusammenhang.

Beide Vertragsparteien haben einen Anspruch auf Vertragserfüllung, der Betreiber kann also vom Vertragsbürger die Zahlung des festgelegten Beitrages, aber keine zusätzlichen Gebühren verlangen. Im Gegenzug kann der Vertragsbürger den Betreiber auf Erfüllung seiner vertraglichen Pflichten wie beispielsweise auf Gewährleistung der Sicherheit und eines funktionierenden Streitschlichtungssystems verklagen. Es ist für die Funktionstüchtigkeit des Modells uninteressant, wer die Betreibergesellschaft gerade leitet oder wem sie gehört. Es können durchaus die Bürger selbst sein, die Anteile an einer entsprechenden Genossenschaft halten.

Eine Freie Privatstadt ist mithin keine Utopie, sondern eine Geschäftsidee, deren Funktionselemente, vor allem die Erbringung von vertraglichen Dienstleistungen, bereits bekannt sind. Diese werden einfach auf einen anderen Bereich, nämlich den des Zusammenlebens, übertragen. Im Grunde garantiert der Betreiber als Dienstleister nur den Rahmen, innerhalb dessen sich die Gesellschaft im Sinne einer »spontanen Ordnung«, wie dies Friedrich August von Hayek (1899-1992) nennt, frei entwickeln kann.

Die Funktion des Wettbewerbs

Nur durch die Schaffung kleiner Einheiten, die Neues ausprobieren, kann ein Wettbewerb zwischen den Systemen in Gang gesetzt werden. Wettbewerb ist ein äußerst fruchtbarer Mechanismus im menschlichen Zusammenleben: Er dient gleichzeitig als Entdeckungsmethode, Qualitätsfilter und Mittel zur Entmachtung. Denn wenn die Bürger, also die Kunden, einfach zum nächstgelegenen Anbieter abwandern können, dann müssen auch die Regierungen genau aufpassen, was sie tun. Je größer Staaten sind, desto weniger ist dies der Fall. Deshalb ist es so wichtig, dass es alternative Gesellschaftsordnungen und einen Wettbewerb der Systeme gibt.

Während der politische Mainstream davon ausgeht, dass immer größere Gebilde wie die EU oder gar die Weltregierung unausweichlich kommen werden, hat der freie Markt längst anders entschieden. Es gibt nur etwa zehn Unternehmen auf der Welt mit mehr als einer Million Mitarbeiter, von denen nur eines mehr als zwei Millionen hat, nämlich Wal-Mart. Da dies ein ungeplantes, natürliches Ergebnis des Wettbewerbs ist, scheint es, dass sich ab einer bestimmten Grenze die Größenvorteile in Nachteile verwandeln. Warum sollte es bei unseren Gemeinwesen anders sein?

Freie Privatstädte oder vergleichbare, dienstleistungsorientierte Staatsmodelle werden kommen. Wie kann ich mir dessen so sicher sein? Weil es eine Nachfrage gibt, und sie wächst von Tag zu Tag. Denn am Ende gehen die Menschen dorthin, wo sie am besten behandelt werden.

Dank

Die Herausgeber danken der *Neuen Zürcher Zeitung* für die Erlaubnis, die erstmals im Feuilleton publizierten Texte exklusiv in diesem Band abzudrucken. Selbstverständlich wurden sie, wo nötig, aktualisiert.

Viele Ideen für die Texte sind in der intensiven Korrespondenz mit den Autorinnen und Autoren entstanden. Wir danken ihnen für die Offenheit und die Bereitschaft, sich auf das Schreib- und Denkexperiment einzulassen.

Unser letztes Dankeschön – last, but not least – geht an den Zeitdiagnostiker und Wissenschaftsexperten Knut Walter, dessen Anregungen und Inputs für die Texte zur Zukunft des Staates sehr wertvoll waren.

Verzeichnis der Beiträgerinnen und Beiträger

TITUS GEBEL, geb. 1967, ist Unternehmer und promovierter Jurist. U. a. gründete er die Deutsche Rohstoff AG. Mit seinen ›Freien Privatstädten‹ will er ein neues Produkt auf dem Markt des Zusammenlebens schaffen. 2018 erschienen seine *Free Private Cities – Making Government Compete For You.*

SAM GINN, geb. 1997, studierte Computer Science und Comparative Literature an der Stanford University und ist Gründer und Direktor von »Vetspire«, einem Silicon-Valley-Start-up, das auf der Grundlage künstlicher Intelligenz eine Arbeitsplattform für Veterinärmedizin entwickelt. Er arbeitet an den Potentialen künstlicher Intelligenz, menschliche Sprachen zu verstehen und mit Menschen zu kommunizieren.

DIETER GRIMM, geb. 1937, ist emeritierter Professor für Öffentliches Recht an der Humboldt-Universität zu Berlin. Von 1987 bis 1999 war er Richter am Bundesverfassungsgericht in Karlsruhe und von 2001 bis 2007 Rektor des Wissenschaftskollegs in Berlin. 2016 erschien sein *Europa ja – aber welches?* Gegenwärtiges Forschungsprojekt: der Status des Grundgesetzes und der Verfassungsrechtsprechung in historischen Darstellungen der Bundesrepublik Deutschland.

HANS ULRICH GUMBRECHT, geb. 1948, war bis zu seiner Emeritierung im Jahr 2018 Albert-Guérard-Professor in Literature an der Stanford University und unterrichtet (von 2020 bis 2023) Literatur und Geistesgeschichte als Presidential Professor an der Hebrew University, Jerusalem. 2020 erschien von ihm *Prosa der Welt. Denis Diderot und die Peripherie der Aufklärung.* Derzeit arbeitet er an einer Phänomenologie der menschlichen Stimme.

JOSEF JOFFE, geb. 1944, ist Mitherausgeber der ZEIT und Fellow der Hoover Institution an der Stanford University. Seit 2021 lehrt er Internationale Politik und Ideengeschichte an der Johns Hopkins School of Advanced International Studies. 2018 erschien sein *Der gute Deutsche: die Karriere einer moralischen Supermacht.* Gegenwärtiger Arbeitsschwerpunkt: eine Monographie in englischer Sprache über die postmoderne Revolte gegen Aufklärung und Liberalismus.

RENANA KEYDAR, geb. 1977, ist Assistant Professor for Law and Digital Humanities an der Hebrew University, Jerusalem. Sie hat über Massenverbrechen und ihre Dokumentation gearbeitet, vgl. ihren Aufsatz »Mass Atrocity, Mass Testimony, and the Quantitative Turn in International Law« in *Law and Society Review* 53 (2019). Derzeit entwickelt sie Software zur Erschließung narrativer Geschichtsdokumente.

JULIAN KRÜPER, geb. 1974, lehrt Öffentliches Recht, Verfassungstheorie und interdisziplinäre Rechtsforschung als Professor an der Ruhr-Universität Bochum. Er befasst sich derzeit vor allem mit Fragen der Wissensdimension im Verfassungsorganisationsrecht, vgl. dazu seinen Aufsatz »Herrschaft und Wissen. Steht die Demokratie vor einer kognitiven Wende?« in *Die Organisation des Verfassungsstaats* 2019.

MIRIAM MECKEL, geb. 1967, ist Professorin für Kommunikationsmanagement an der Universität Sankt Gallen und CEO der ada Learning GmbH. Sie forscht über den Wandel der Kommunikation durch neue Technologien, über Desinformation im Internet, Datensimulation, Entscheidungsmanagement und Quantum Computing. 2018 veröffentlichte sie *Mein Kopf gehört mir – eine Reise durch die schöne neue Welt des Brainhacking.*

MELANIE MÖLLER, geb. 1972, ist Professorin für Klassische Philologie mit Schwerpunkt Latinistik an der Freien Universität Berlin. 2021 veröffentlichte sie das *Ovid-Handbuch. Leben – Werk – Wirkung*. Gegenwärtige Arbeitsschwerpunkte: Theorie und Rhetorik der Verachtung; die Anekdote als Medium des Wissenstransfers.

MARKUS RIEGER-LADICH, geb. 1967, lehrt als Professor für Allgemeine Erziehungswissenschaft an der Universität Tübingen mit einem Forschungsschwerpunkt in der zeitgenössischen Bildungstheorie. 2019 erschienen in zweiter Auflage seine *Bildungstheorien zur Einführung.*

RENÉ SCHEU, geb. 1974, ist promovierter Philosoph und Italianist. Von 2016 bis Juni 2021 war er Feuilletonchef der *Neuen Zürcher Zeitung*. Seither ist er Geschäftsführer des neu gegründeten Instituts für Schweizer Wirtschaftspolitik (IWP) an der Universität Luzern. 2020 ist von ihm der Interviewband *Gespräch und Gegen-*

wart. Reden über (und gegen) den Zeitgeist erschienen. Gegenwärtig arbeitet er an einer Genealogie des Intellektuellen.

FRED TURNER, geb. 1961, ist Harry-and-Norman-Chandler-Professor of Communication an der Stanford University und gilt als einer der international führenden Spezialisten für die Kulturgeschichte der elektronischen Technologie in den Vereinigten Staaten. Seine 2006 veröffentlichte Monographie *From Counterculture to Cyberculture* zählt zu den einschlägigen Standardwerken.

KAREN VAN DEN BERG, geb. 1963, unterrichtet Kunsttheorie und Inszenatorische Praxis als Professorin an der Zeppelin-Universität in Friedrichshafen. Gegenwärtiger Interessenschwerpunkt ist sozial engagierte Kunst. 2019 hat sie gemeinsam mit Cara Jordan und Philipp Kleinmichel den Band *The Art of Direct Action. Social Sculpture and Beyond* herausgegeben.

JOSÉ LUIS VILLACAÑAS BERLANGA, geb. 1955, ist Lehrstuhlinhaber für Philosophie und Direktor des Instituts für Philosophie an der Universidad Complutense von Madrid. Zu seinen Hauptwerken gehört das 2017 erschienene Buch *Imperio, Reforma, Modernidad. La revolución intelectual de Lutero.* Gegenwärtiger Forschungsschwerpunkt ist eine begriffsgeschichtliche Genealogie der Gegenwart ausgehend von Max Weber, Reinhart Koselleck und Michel Foucault.